KB235182

경제생태계 보호

세계적인 경제학자 크레이그 토머스의 통찰력 있는 서민경제 생존법

경제생태계

THE ECONOSPHERE

보호

크레이그 토머스 지음, 신승미 옮김

우리는 경제 상황이 원하지 않는 방향으로 돌아갈 때면 경제가 파탄에 이르렀거나 불공평하거나 조금 악의가 있다고 생각하는 경향이 있다. 그리고 누군가 개입해서 바로잡거나 조절해야 한다고 여긴다. 이따금 정부가 경제를 개선하려고 나서는 것처럼 말이다. 그러나 자연생태계가 독자적으로 돌아가듯이 경제 또한 자체적으로 유지된다고 치면, 경제가 스스로 상황을 관리하도록 내버려두는 편이 나으며 어설프게 개입해봤자 도움은커녕 방해만 될 뿐이다.

독자는 이 책을 읽고 경제계를 관장하는 법칙을 마침내 이해하게 될 것이다. 경제생태계는 우리가 일하고 여가생활을 즐기며, 계획을 세우고 저축하고 투자하며, 일상생활의 각종 사안을 경제를 염두에 두고 생각하는 세상을 말한다. 이 세상은 인간의 특성과 관련된 가장 기본적 영역으로, 현명하게 선택하려면 경제생태계를 분명하게 이해해야 한다. 나는 이 책에서 인식하든 못하든 간에 모든 사람은 전체성을 지니며 자기 규제력이 있는 경제생태계 안에서 살아가고 일한다는 점을 보여주려고 한다.

독자는 이 책에서 여러 가지를 배우게 될 것이다. 일단 다른 사람의 부는 자신에게 손해도 이익도 아닌 이유를 이해하게 될 것이다. 그리고 경제적 관점에서 공평함의 의미가 무엇인지 파악하게 될 것이다. 또 시간과 노동력을 최고로 활용하는 방법을 분명히 알게 될 것이다.

차례

1

누구나 제 먹을 것을
가지고 태어난다

세상은
어떻게 번성할까?

펜실베이니아 주 컨클 출신인 조모 알시어 토머스(Althea Thomas)는 "모든 아기는 빵 한 덩어리를 가지고 태어난다"라고 말했다. 이제는 고인이 된 할머니는 가정 형편이 어려워서 출산을 앞두고 돈 걱정을 하는 사람을 보면 이 말로 위로했다. 이 말이 먹여 살릴 입이 하나 더 늘어난다는 불안감을 어느 정도 해소해줬을 것이다. 나는 할머니가 말한 속담이 참 멋지다고 생각한다. 마음을 안정시켜주고 앞일을 희망적으로 보게 해준다. 이상하게도 이 속담은 처음 들은 순간부터 뇌리에 깊이 새겨졌고 오랫동안 그 이유가 궁금했다. 사실 이 오랜 속담에는 단지 나이든 여성이 산모를 다정하게 안심시키려는 위안의 뜻보다 훨씬 많은 의미가 들어 있다.

일단 이는 명백한 진실이라는 점에서 훌륭한 속담이다. 모든 사람이 이 엄연한 사실을 이해하기만 하면 세상을 살아가기가 더욱 행복하고 평화로우며 수월할 것이다. 실제로 이 속담은 경제라는 세상이 그 안에 존재하는 주민 수십억 명을 부양할 수 있는 핵심 이유를 보여준다. 경제생태계가 이 역할을 할 수 있는 이유는 새 구성원이 자신과 평생 보살펴야 할 가족을 부양할 기본 원료를 가지고 태어나기 때문이다. 그리고 때로는 살아가면서 기본적으로 필요한 물질보다 훨씬 많은 양을 생산하기도 한다. 여기에서 다음과 같은 원리가 나온다.

경제생태계의 제1법칙

성장의 법칙 : 고의로 방해를 받는 경우를 제외하면 새로운 구성원은 모두 세상에 부를 추가한다.

경제에 대한
선입견을 버려라

나는 우리가 사는 환경을 경제생태계(Econosphere)라고 한다. 경제생태계는 우리가 내린 결정에 따라 만들어지고 운영되는 세상이자 우리가 살아가는 터전이다. 이 구역은 우리를 부양하고 보살핀다. 또 우리가 하는 모든 상호작용에 반응하고 정보를 제공하며 이 셈을 세내로 이해한 사람은 순간순간 주어진 시간을 가장 잘 활용할 수 있다. 그렇지만 이 환경은 산소와 수소, 석유와 철강, 높은 산과 낮은 평야로 이루어지지 않는다. 정확히 말하면 경제생태계란 우리가 일하고 생활하고 가정을 꾸리는 사회 환경이다. 이제 경제를 전체적인 자연 체계로 생각해야 할 때가 됐다.

사람들은 대부분 우리가 숨 쉬는 공기를 생물생태계가 제공하므로 해로운 배기가스와 오염물질을 정화하고 온도를 조절하는 생물생태계의 자정능력을 해치지 않도록 각별히 주의해야 한다고 생각한다. 생물생태계는 인간의 생명 유지를 담당하는 환경으로 우리는 당연히 환경을 보호해야 한다.

그렇다면 사회 환경, 즉 경제생태계는 어떤가? 경제생태계를 연구하고 보호하는 데도 생물생태계에서와 같은 노력을 기울여야 하지 않을까? 두말할 것도 없이 맞는 말이다. 그러나 안타깝게도 많은 사람이 경제란 그저 정부 행정의 결과물이라고 여긴다. 다시 말하면 명료하지 않은 통계를 모아놓은 자료 또는 벌어들이거나 저축하거나 투자하는 금액 혹은 그러지 못하는 금액을 서술해놓은 조항쯤으로 생각하는 것이다. 반면에 경제를 우리를 부양하고 보살피는 자연 체계라고 생각하는 사람은 거의 없다.

이쯤 되면 경제의 어떤 점이 그리 완전하고 균형이 맞느냐고 반문하는 사람이 있을 것이다. 경제는 불규칙하고 불공평하다는 선입관이 있는데다가 얼핏 보면 무자비한 속성까지 있는 듯하다. 그러니 일반적으로 완전함과는 아주 거리가 멀다고 평가받는다. 그렇지만 경제가 하는 일을 생각해보자. 수십억 명이 살고 있는 지구에서 경제생태계는 시장 가격을 지정함으로써 우리가 보호해야 할 사항을 알려준다. 같은 맥락으로 경제생태계는 일정한 상품의 가격이 생산비보다 높으면 그 상품을 더 공급하도록 노력하라는 신호를 보낸다. 반면에 일정한 상품이 시장에 너무 많이 공급되면 소비를 늘리거나 생산을 줄이도록 상품 가치를 떨어뜨린다.

훌륭한 행동에는 보상이 따른다. 우리는 타인이 원하는 상품을 생산적으로 만들어낼수록 보상을 많이 받는다. 그러니 가치가 높은 상품을 생산한 사람은 그만큼 돈을 많이 벌어서 가치가 높은 상품을 구입하거나 저축해놓고 사랑하는 사람과 쓸 수 있다. 게다가 훌륭한 코치가 최고 역량을 발휘하도록 선수들을 자극하듯이 경제생태계도 치열하게 경쟁해서 혁신적 자세를 유지하도록 우리를 북돋운다. 혁신을 많이 할수록 보상을 크게 받는다. 더욱이 우리가 혁신을 많이 할수록 타인을 위해 창출한 제품과 서비스가 기존의 것보다 우수해지기 때문에 결국 모두에게 이익이 된다. 이렇게 되면 세월이 가면서 모든 사람이 누리는 삶의 질이 높아지고 이 좁은 세상에서 모두 함께 살아갈 여유 공간이 생긴다.

잘 살펴보면 경제생태계는 세계라는 무대에서 각자 독특한 배역을 맡은 수십억 명에 달하는 무용수가 뛰어난 앙상블을 이루도록 이끄는 황홀할 정도로 훌륭한 안무라는 점을 알게 될 것이다. 경제생태계는 인간을 부양하는 동시에 인간의 영향을 받는다.

사회 환경이 타락하고 오염된 곳에서는 반드시 인간이 개입한 사실이 명백하게 드러난다. 이런 예를 몇 가지 들어보자. 국민이 기아로 고통받게 되는 근본 원인은 식량이 부족해서가 아니라 국경이 폐쇄됐거나 독재 권력이 폭정을 하거나 독점 시장이 가격과 생산량을 조정하지 못하기 때문이다. 빈곤에 시달리는 환경에서는 잔인하게 통치함으로써 유지되는 편협하고 인위적인 계급제도를 흔히 발견할 수 있다. 비효율성과 낭비가 판을 치는 환경에서는 일반적으로 중앙집권적 입안과 국유화와 특혜가 눈에 띈다. 심지어 미국에서 최근에 일어난 금융위기에서조차 채권자와 채무자와 투자자가 실수를 저지르도록 조장한 당사자는 정부의 정책 입안자였다. 이 경우 세금을 우대하고 대출 기준을 완화해 주택 구매를 장려하는 정부의 정책은 주택 소유 비율을 높이려던 클린턴 정부의 집착과 소유자 사회(ownership society)라는 공약(어떤 희생을 치르더라도 주택을 구입해야 한다는 뜻이 돼버린 셈이다!)을 추진하려던 부시 정부의 바람에서 시작됐다.

잔디는 자라지 못하게 하려고 짓밟아 뭉개도 결국 땅을 뚫고 올라온다. 이와 마찬가지로 자연적인 사회 환경을 침해하려는 인간의 시도 역시 일반적으로 오래가지 못하며 결국 실패로 돌아간다. 인도에 난 틈을 비집고 자라는 나무처럼 경제생태계는 누군가 개입해서 환경을 뒤엎어놓더라도 우리 삶을 이끌어줄 방안을 찾아낸다. 이와 마찬가지로 어떤 장애물이 앞길을 가로막더라도 우리는 행복을 극대화할 방법을 항상 찾아낸다. 단 경제생태계가 구속받는 상황에서는 얻을 수 있는 행복의 최대치가 낮아진다.

번성할 확률을
높이려면

많은 사람이 생물생태계의 중요성을 인식하고 이를 보호하려고 노력한다. 마찬가지로 경제생태계를 잘 이해하면 경제생태계가 손상되지 않도록 잘 보호할 수 있다. 그리고 경제생태계의 법칙을 이해하면 경제생태계 내에서 번성할 확률이 훨씬 높아진다. 경제생태계의 법칙을 이해하는 사람은 안타깝게도 운명이란 개척하는 것이 아니라 타고난다고 생각하는 사람보다 여러 면에서 유리하기 때문이다. 경제생태계의 기능과 법칙을 이해하면 최고 가치를 생산해낼 일에 집중할 수 있으며 훌륭하게 결정하도록 정보를 제공할 수 있다. 그리고 구속 없이 자유롭게 기능할 때 우리 요구에 가장 잘 부응하는 사회 환경과 화목하게 지낼 수 있다.

자신이 살고 있는 세계에 작용하는 각종 힘을 이해하지 못하면 그야말로 만사가 두려움의 대상이 된다. 그러나 들어오는 정보를 제대로 이해하고 해석할 각종 도구가 있으면 늘 마음이 평안하다. 대통령 후보가 제시한 정책의 장단점이나 일자리 시장이 해당 상황에 처한 이유나 제품, 서비스의 시장 가격이 상승 또는 하락하는 이유나 개인 생활이나 직장 생활에서 자신이 어떤 결정을 내린 이유 등을 포함해서 무슨 정보이든 상관이 없다.

정보의 법칙 : 경제생태계에서는 문제가 무엇이든 더 나은 정보가 늘 해결책의 일환이다.

당신의 정보는
불완전하다

부정적 결과물이 나오는 원인은 경제의 기능 때문이 아니다. 무분별하고 손실이 큰 결정을 내리게 되는 원인은 오히려 정보가 부족하거나 결함이 있고 정보를 제대로 이해하지 못하기 때문이다.

다른 사람보다 좋은 정보를 입수해서 명확하게 판독할 수 있으면 경세생내세를 유리하게 활용할 가능성이 훨씬 많아진다. 그렇다고 해서 아주 거창하고 특별한 정보를 찾아다니라는 뜻이 아니다. 그저 다른 사람 앞에 놓인 것과 동일한 정보를 받아들이되 높은 차원에서 모든 내용을 이해해서 무의미한 부분을 버리고 경제생태계의 법칙에 대한 이해를 잘 활용하기만 하면 부자가 될 수 있다.

심지어 전문 경제학자 중에도 그날의 주요 뉴스에서 경제와 관련된 사안을 객관적으로 걸러내서 자신과 사랑하는 사람의 삶에 이익이 되도록 결정을 내릴 능력을 갖춘 이는 극히 드물다. 경제생태계를 이해하지 못하는 사람은 주요 기사에 매달려 급작스럽게 결정을 내리고 나서 경기가 침체와 상승을 반복할 때마다 두 손을 부여잡고 조마조마해할 여지가 다분하다. 이런 사람은 모든 논평을 불안한 마음으로 지켜볼 것이며 각종 공약의 진위를 제대로 평가할 만한 기반을 전혀 가지고 있지 못할 것이다.

예를 들어 2004년 투기성 주택 투자 열풍이 시작된 결과 최근에 일어난 각종 경제 문제를 생각해보자(사실 문제의 근원은 훨씬 더 깊다. 구체적으로 말하면 앞서 거론한 공공 정책으로 비롯된 여러 장려책을 들 수 있으나 이 책에서 설명하려는 관점과 벗어나므로 그냥 넘어가겠다).

주택 자체에 어떤 문제가 있을까? 그렇지 않다. 주택은 유익한 것이다. 그렇다면 무엇이 문제였을까? 투자자(담보를 제공했거나 제1담보에 투자했던 주택 구매자와 주요 기관)는 향후 주택 가격이 오를 때 얻을 이익을 과대평가했다. 대출 기관은 과대평가된 주택을 구매하려는 사람들에게 대출해주는 위험성을 과소평가했다. 건축업자는 주택 수요가 계속 상승하리라는 기대로 집을 너무 많이 지었다. 문제는 시장이 주택 건축과 구매를 쉽게 허용했다는 것이 아니다. 실제 문제는 정보였다. 투자자는 주택 가치의 지표인 주택 구입능력을 간과했다. 건축업자는 기본적 인구 통계를 확실하게 파악하지 않았다. 은행은 돈이 절실하게 필요한 사람에게는 절대 대출을 해주면 안 된다는 은행업에서 가장 중요한 규칙을 망각해버렸다.

이로써 혼란이 단순히 미국의 주택 부문에 그치지 않고 전 세계 경제의 모든 부문으로 확산되는 사태가 야기됐다. 이처럼 혼란스러운 상황에서 벗어날 방안은 무엇일까? 투자를 잘못한 투자자는 손실을 받아들여야 한다. 은행은 악성 대출에 담보권을 실행해야 한다. 건축업자는 주택 건축을 중단해야 한다.

그동안 실행한 각종 비상조치는 어땠는가? 엄청난 규모로 진행한 새 정책은 필연적인 고통을 멈추게 하지 못했으며, 오히려 문제가 연장되고 확산되면서 미국의 납세자가 낸 혈세만 수십 억 달러 낭비했다. 그런 조치가 게임의 규칙을 이따금 예측이 불가능하도록 바꿔서 정보를 더욱 혼란스럽게 만드는 바람에 일반인과 사업가의 결정에 내재된 위험성을 증가시켰다는 점을 우리는 이제 안다.

혹시라도 새 정책이 실행되지 않았더라면 상황이 더 나빠졌을까? 경제생태계에서는 '되돌리기'가 불가능한지라 누구도 이 질문에 확실히 대답할 수 없다. 그렇지만 조치가 실행된 이후에도 경제 혼란이 더욱 심각해졌다는 점을 감안하면 정책의 당초 목표가 제대로 실현되지 않았다는 결론이 나온다. 조치가 실패로 돌아간 것도 그리 놀라운 일이 아니다. 그 이떤 정책도 경제생태계의 자연적 기능을 존중하지 않은 상태에서 실행됐기 때문이다. 그러니 설사 정책이 아무리 잘 만들어졌다한들 성공할 확률이 아예 없었다.

이런 상황이 시작되기 전에 주택 투기자와 주택 대출 기관(FDIC(연방예금보험공사), 연방준비제도이사회, 의회, 기타 공공 감독 기관)이 더 나은 정보를 확보하기만 했더라도 그동안 벌어진 심각한 경제 위기를 모두 막을 수 있었으리라는 생각이 드는 것은 어쩔 수 없다.

경제생태계의 강력한 법칙을 잘 알고 존중했다면 시간을 낭비할 필요도 골치 아픈 일에 시달릴 필요도 없었을 것이다! 자연 환경의 법칙이 그렇듯이 경제생태계의 법칙도 우리 멋대로 할 수 없다. 그러나 우리는 정보의 기능을 높일 수는 있다.

자연 환경의 법칙과 기능에는 변함이 없다. 이와 마찬가지로 경제의 법칙과 기능은 기본적으로 변함이 없으며, 일과 여가 활동, 저축과 소비에 대한 일상적인 생각에 영향을 받지 않는다. 언제나 우리가 나은 결정을 내리도록 돕는 것은 특별하거나 우수한 정보다. 그리고 정치와 관련된 선택조차 경제생태계에서 무엇이 해가 되고 도움이 되는지에 대한 이해를 각자 표현하는 한 가지 방법이다. 이런 예로 특정한 제품 또는 소비를 권장하거나 막아서 경제의 올바른 기능을 방해할 정책을 제안하는 후보자나 경제가 부족한 자원을 배분하는 방식을 부정적으로 변경할 후보자에게 선거에서 반대표를 던지는 경우를 들 수 있다. 이는 자연 환경에 해를 끼치는 화학제품에 반대하는 것과 같은 맥락이다.

누구나 경제생태계
안에서 살아간다

경제학에서는 의사결정이 중요하기 때문에 개인의 경제 상황은 각자 행복을 신장하려고 하는 여러 행동(과거와 현재)의 결합체라고 봐야 한다. 그리고 이를 그저 소비지상주의나 탐욕의 산물로 여기면 안 된다. 세상에는 우리를 행복하게 해주는 요소가 수없이 존재하며 그런 요소는 흔히 생각하는 것과 달리 무분별한 소비와 관계가 없다. 행복은 가족을 부양하거나 시간을 내서 후배를 지도하거나 취미로 예술 활동을 하거나 자선 활동에 참여하는 데에서 나오기도 한다. 행복을 가져다주는 한 그 활동이 무엇인지는 상관없다. 우리는 자신을 행복하게 하는 요소를 날마다 결정하며 그 목표를 달성하려고 입수할 수 있는 각종 정보를 동원해서 결정을 내린다. 우리는 날마다 깨어 있는 매순간 이 과정을 반복한다(행복을 극대화하려고 수면 습관을 계획하기까지 한다!).

인간은 태어날 때부터 각자 자연 환경과 사회 환경에서 산다. 자연 환경은 상당히 분명하게 구분된다. 따뜻한 태양과 숨 쉴 공기와 목숨을 유지해주는 음식이 자연 환경이다. 반면에 사회 환경은 대체로 눈에 보이지 않으며 우리가 대면하는 각 부분이 무질서하고 서로 관련되지 않은 것처럼 여겨진다. 경제생태계의 법칙을 알기 전에는 경제생태계를 제대로 고려하거나 즐기기가 힘들다. 그러나 경제생태계의 법칙을 이해하든 못하든 간에 누구나 경제생태계 안에서 살아간다. 환경학자가 아니라도 누구나 공기를 들이마시고 물을 마실 수 있듯이 경제학자가 아니라도 누구나 경제생태계 안에서 활동하고 행복을 극대화하려고 노력할 수 있다. 이는 인간의 타고난 능력이다.

자동으로
생산성 올리는 법

오늘날 문화적으로 '환경보호론'이 상당히 강조된다. 이는 건강에 좋고 영양이 많은 음식을 먹으며 모든 사람과 공유하는 자연 환경에 미치는 부정적 영향을 최소로 줄이며 생활에 필요한 각종 자원을 보호하면서 살아가는 것이 인류에게 훨씬 유익하다는 신념이다. 예를 들어 누군가는 전통적 농사법에서 사용되는 화학 용품 때문에 땅속으로 유해한 화학 물질이 스며들 뿐만 아니라 인체에까지 그런 화학 물질이 쌓인다고 판단하고 유기농 식품을 먹기로 정할 수도 있다.

그 사람은 환경 친화적으로 살아가기로 선택할 때 자기 신념이 자연 환경과 자신을 위해 최선의 선택이라고 판단하게 해주는 정보를 나름대로 사용한다. 그렇다고 해서 그 사람이 전적으로 옳다고 할 수는 없지만 어쨌든 모든 사람은 자신이 가지고 있고 입수할 수 있는 범위에서 최고 정보를 이용해 올바로 결정하려고 노력한다. 앞에서 든 예에서 농약을 멀리하려고 마음먹은 사람은 유기농 식품을 구입해서 먹으면 최고 행복에 도달할 수 있다는 결론을 내리기에 충분한 정보를 모았을 것이다.

우리가 선택을 내릴 때 모두 행복하게 해주는 것이 목적인 자연 환경과 결부해서 생각할 수 있다면, 이런 이해력을 확대해서 아직 잘 알려지지 않은 사회 환경(즉 경제생태계)의 영역에도 적용할 수 있을 것이다. 물론 자연 환경과 관련된 결정도 경제생태계의 영역에 포함된다. 그러나 경제의 일원으로 일하고 소비하는 방법을 선택하는 과정을 파악하고 인식하기는 조금 어렵다. 깨끗한 물이나 수명 등을 비롯한 한정된 자원을 사용할 방법을 선택하는 것은 경제적 결정이다.

경제생태계에서 제공하는 장려책이나 억제책을 받아들이거나 이에 따라 반응하는 사람은 자동으로 생산성이 더욱 올라간다. 일정한 상품이 너무 많으면 가격이 내려가서 공급자는 생산을 줄이는 반응을 보인다. 일정한 상품(예, 석유)이 너무 부족하면 가격이 올라가고 누군가가 개입해서 공급을 늘리거나 심지어 대체 제품 또는 서비스를 개발한다.

시장 가격에 반응하고 자기 일에 충실하며 생산하는 제품과 서비스를 자유롭게 교환하면서 노력에 대해 최고 가격을 받을 수 있다면 생산성이 최적인 상태다. 생산성이 높을수록 돈을 많이 벌고 행복해진다. 또 일터에서 생산성을 많이 발휘할수록 행복을 극대화하기 위한 주요 요소인 여가 시간을 누릴 기회가 많아진다.

이런 목적을 이루려면 타인의 제품과 서비스와 바꾸기 위해 당신이 생산할 수 있는 제품, 서비스의 가치와 관련해 경제가 보내는 신호를 감지해야 한다. 자신과 가족을 부양하고 살아가면서 접하는 모든 능력과 가능성을 활용해 창출하는 가치를 극대화하기 위하여 필요한 정보를 파악하자면 경제생태계가 움직이는 원리를 이해하는 것이 아주 중요하다. 핵심은 상호작용하는 전체적 체계의 자연스러운 흐름을 이해하고 인식하는 것이다. 이렇게 되면 직장 생활과 여가 생활에서 올바로 결정할 수 있다. 올바른 결정이란 첫째는 자신의 존재에 내재한 모든 가치를 받아들일 수 있는 결정이고, 둘째는 경제생태계의 자연 기능을 해치거나 방해할 만한 일을 전혀 하지 않을 결정이다. 누구나 자신의 환경(자연 환경과 사회 환경 모두)의 관리자다.

여기에서 다음 법칙이 나온다.

경제생태계의 제3법칙

지속가능성의 법칙 : 경제생태계의 관대함은 다른 어떤 것도 아닌 사람에게서 나온다. 경제생태계에 생기를 주는 힘은 인간이다.

경제생태계는 일과 선택의 결과이므로 경제생태계의 기본 구성 요소는 인간의 일정한 수명이다. 우리의 기본 원료는 석유나 금이나 흙이나 물이 아니라 인간 에너지다. 물론 우리에게는 살아갈 물리적 공간이 필요하지만 애초에 인간이 없다면 가치 창조나 고유한 가치는 아예 존재하지 않을 것이다. 따라서 모든 경제 가치는 우리가 제공받은 시간과 각자 함양한 재능에서 분출된다.

예를 들어 경제의 중심이 석유 같은 상품이 아니라 인간인 이유를 살펴보자. 땅에 묻혀 있는 석유는 전혀 가치가 없다. 연소 엔진이 없는 석유는 쓸모가 없다. 장거리를 이동하거나 집을 난방하거나 동력을 발생시키려는 사람이 없으면 석유는 값어치가 없어진다. 석유는 지면으로 끌어올려져 수송된 뒤 정제돼서 사용될 때에야 비로소 가치를 얻는다. 이 전 과정에는 인간의 힘과 재능이 필요하다. 게다가 이 과정이 어디까지 가능하고 얼마나 최적으로 실행될 수 있느냐는 경제생태계의 주민인 인간의 협력과 상호 교환 능력에 좌우된다.

경제생태계가 하는 역할은 신호, 즉 시장 가격을 만드는 것이다. 시장 가격은 석유에 대한 수요가 있다는 점을 우리가 알아채도록 유도하며 이어서 석유를 뽑아내 정제하고 돈으로 바꿀 방법을 찾아내도록 조장한다. 이 돈은 행복을 극대화할 제품과 서비스를 구매하는 데 사용된다. 경제생태계는 우리의 일상생활 하나하나를 이끌어주는 정보와 장려책과 억제책의 기본 흐름을 제공한다. 위에서 석유를 그 한 예로 들었다. 이와 동일한 원리가 빵이나 재정 조언이나 음악이나 로봇에도 적용된다. 이런 제품과 서비스 생산에 투입되는 모든 원료는 필수적인 요소(즉 인간의 수명)가 없으면 아무런 가치가 없다.

인간이 살아가는 자연스러운 과정을 살펴보자. 첫째, 사람들은 대부분 생명 유지에 필요한 물질을 자급할 수 있는 기본 능력을 가지고 태어난다. 물론 중앙통제 경제 체제에서 억압을 받는 사람이나 편견 때문에 일부 집단이 교육을 받지 못하거나 특정한 직업을 갖지 못하는 사회에서 사는 사람은 자기 잠재력을 완전히 발휘할 수 없다는 것은 사실이다. 그러나 세상에는 타인의 영향력에 제지를 받는 사람이 일부 존재한다는 사실을 인정하더라도 지구상의 모든 부와 자원으로 만들어진 커다란 파이를 점차 늘어나는 사람을 부양하려고 점점 작은 파이 조각으로 잘라낸다는 원리에는 의문의 여지가 없다. 정확히 말하면 파이는 구성원이 새로 추가될수록 점점 커진다.

사실상 모든 인간은 이 놀라운 파이에서 각자 조각을 굽는다. 게다가 스스로 생명을 유지하는 신체와 정신은 타고나지만 그런 능력은 고정되어 있지 않다. 능력은 강화되고 다듬어지고 전문화될 수 있어서 사람들을 더욱 차별화하고 생산적으로 만든다. 우리는 타고난 능력을 지닐 뿐만 아니라 살아가면서 스스로 함양한 능력이나 타인이 키워준 능력도 갖게 된다. 우리는 시간이 지나면서 발전한다. 그 결과 우리에게 필요한 양보다 많이 생산하게 된다. 이런 초과량 덕분에 생산성이 떨어질 노후를 대비해 돈을 모아둬 퇴직한 뒤에도 생활수준을 유지할 수 있다. 이야말로 훌륭한 체계 아닌가? 글쎄, 항상 그렇지만도 않은 것 같다.

무역 공포증이
있는가?

현대사회에서 화제에 오른 경제 사안을 몇 가지 생각해보자. 경제생태계에 대한 이해도와 가치가 실제로 나오는 원천에 대한 이해도에 따라 그런 사안을 보는 시각이 어떻게 달라지는지도 생각해보자. 무역에 대한 두려움을 한 예로 들어보자. 무역 자체에는 두려워할 점이 없다. 그렇지 않은가? 어딘가에서 사는 사람이 어떤 물건을 만들어 다른 나라에서 사는 사람이 만든 다른 물건과 바꾸고 싶어 한다. 빵을 총기류로 교환하는 경우가 아닌 바에야 지극히 좋은 일이지 않은가?

그러나 사람들은 무역에 대해 걱정을 아주 많이 한다. 어떤 사람은 무역 공포증에 걸릴 정도이다. 또 어떤 사람은 팻말을 들고 거리로 나가서 시위하고 항의 표시로 상점 유리창에 벽돌을 던지기까지

한다. 무역은 그저 재능과 시간을 교환하는 행위일 뿐이다. 그런데 이 단순한 교환이 그토록 격렬한 감정을 불러일으키는 이유가 무엇일까? 어떤 사람이 고생해서 만든 물건을 다른 사람이 고생해서 만든 물건과 맞바꾸는 능력을 제한하려는 이유가 무엇일까? 그리고 이런 교환을 멀리 떨어진 나라와 한다고 해서 무슨 잘못이 있을까?

문제는 우리가 그런 이론과 같이 살지 않는다는 점이다. 경제가 지속가능성과 번영을 유지해주는 체계라는 사실을 이해하지 못하는 사람에게는 제품과 서비스를 교환하는 과정이 무정부 상태와 흡사하게 보일 것이다. 그리고 이는 한 지역에는 일정한 상품을 제공하는 사람이 있고 그런 사람이 없으면 해당 제품을 가내에서 생산하는 형태를 띨 것이다. 이렇게 생각하는 사람에게 자유 무역은 도둑질과 아주 비슷해 보인다. 다른 나라 사람에게 일자리를 도둑맞게 될 판이라고 생각하는 것이다. 그렇지만 다음 방식으로 생각해 보자. 한 나라가 나름대로 가장 강점이 있는 제품 생산에 주력하면, 다른 나라는 자신들 나름대로 강점이 있는 다른 제품 생산에 주력할 수 있다. 이렇게 되면 모두 최대한 효율적으로 일할 수 있으므로 결국 모든 사람에게 더 많은 상품이 돌아간다.

우리가 무역을 반대하는 원인은 국가나 국민의 처지에서 생각하지 않기 때문이다. 우리는 개인이다. 우리는 개인으로서 생각하고 당연히 삶의 지속성과 예측성을 소중하게 여긴다. 우리는 경제생태계에서 행복을 극대화하려는 존재이며, 극대화한 행복은 자신의 것이다. 어떤 사람이 특정한 직업이나 공동체나 문화를 기반으로 정

착해서 가정을 꾸려나간다고 해보자. 이런 환경이 특정한 산업을
기반으로 하는데 전 세계 경제의 비교 우위가 바뀌어 이 산업이 불
리한 영향을 받는다면 그 사람에게 최적의 효율성을 거론하는 것은
전혀 위안이 안 된다! 단기적으로 보면 자유 무역이 사람들을 열 받
게 하는 것은 사실이며 여기에는 반론의 여지가 없다.

　부모 세대가 피땀 흘려서 번창해놓은 산업은 현재 쇠약해졌거나
방향을 잃었고 우리 세대가 성장한 도시는 헤어나기 힘든 경기침체
에 빠져 있다. 그렇다면 이를 해결할 수 있는 답은 무엇인가? 어떤
사람은 다른 나라와 경쟁하면 사라져버릴 자국 산업과 삶의 방식을
보호할 수 있게끔 무역 흐름을 통제하는 것이 해결책이라고 한다.
몇몇 사람에게는 보호야말로 지극히 안도감을 주는 말이다. 특히
시간이 지나면서 일어나는 경제 변화에 직접적으로 커다란 영향을
받는 사람들에게는 그렇다.

자동차를 자전거와 바꾸자고 하면

현재 존재하는 모든 산업을 보호해서 혁신의 힘을 중단할 수 있다고 상상해보자. 그러면 모든 나라가 전혀 변함없이 유지될 것이다. 모든 사람이 이동이나 재교육 때문에 스트레스를 받을 필요가 없을 것이다. 그리고 이미 세웠던 삶의 목표를 버리고 분야가 다른 직업에 필요한 계획을 새로 세우거나 온 가족이 정든 터전을 떠나 멀리 이사갈 필요도 없을 것이다. 그렇다면 세계에서 자국의 경제생태계를 고립시키려고 노력해온 북한이나 쿠바 같은 나라를 생각해보자. 당신 자동차를 자전거와 바꾸겠는가, 아니면 1952년형 뷰익과 바꾸겠는가?

경제생태계의 전체나 부분을 실제 세상, 즉 세계 경제생태계에서 분리하려는 시도는 자신이 사는 지역으로 폭풍우가 지나가지 못하게 하려고 노력하는 것이나 마찬가지다. 이런 사람은 비에 흠뻑 젖을 뿐만 아니라 감기에까지 걸릴 확률이 높다. 경제생태계에서 이탈하려고 하면 생산성이 활기를 잃고 생활수준이 떨어지기 시작한다. 기술이나 의학의 발전은 물론 누구나 당연하게 여기는 UPS와 휴대전화처럼 아주 효율적인 서비스의 발전을 더는 기대할 수 없게 된다. 경제생태계에 속해 있을 때에 비해 물건을 구입할 수 있는 경제력이 훨씬 떨어질 것이며 투자할 수 있는 여력도 대폭 줄어들 것이다. 생산력이 떨어지고 이해력이 줄어들며 기량도 감소할 것이다.

인류는 지난 몇 세기 동안 생물생태계, 즉 자연 환경과 관계하면서 큰 교훈을 얻었다. 인간이 제멋대로 자연을 변경하려 하면 생각도 하지 못한 부정적인 결과가 발생해서 이익을 보기는커녕 오히려 모두에게 피해가 발생한다는 사실을 목격해왔다. 예를 들어 무분별하게 강에 댐을 건설하면 어류와 야생동물이 위기에 처하거나 비옥한 토지가 황폐해지거나 기상 이변에 따른 위험 요소가 증가하는 상황을 겪었다. 이 과정에서 인간 뜻대로 하려고 자연을 무자비하게 파괴하는 것보다 자연과 조화를 이루며 살아가는 편이 이롭다는 점을 알게 됐다. 이제 우리는 자연계의 전체 형태를 무시하면 홍수와 기근과 질병과 병폐가 발생한다는 사실을 안다.

'환경보호' 운동은 개인이 생물생태계에 미치는 영향을 천천히 그러나 확실히 우리에게 인식시켰다. 그리고 환경보호와 조화되는 정책을 만들도록 정부와 기업에 압력을 행사해왔다. 사람들은 대부분 인간의 지배력을 침해받고 싶어 하지 않는다. 그러나 인간의 생명을 유지해주는 환경을 존중해야 가장 유익한데다가 인간의 힘으로 자연을 통제할 수도, 통제해서도 안 된다는 점을 파악했기 때문에 우리가 생물생태계에 미치는 영향을 인식하고 피해를 줄이려 노력하게 됐다. 게다가 환경은 인간이 만든 것보다 나은 제품과 서비스를 제공할 수 있으므로 자연의 재량에 맡기는 것이 마땅하다는 점을 우리는 이해하게 됐다. 자연 환경이 제품과 서비스가 수백 년에 걸친 풍화작용으로 형성된 자연 지형이든지 바다와 강에서 식량을 제공해주고 식물과 야생 동물이 균형을 이루고 살게 해주는 자연생태계이든지 말이다.

우리는 경제생태계에 대해서도 생물생태계에서와 같은 이해력을 갖춰야 한다. 경제생태계에서는 한 상품의 생산에 경쟁 우위를 지닌 측이 그 상품을 생산하도록 내버려두는 것이 최선이다. 그런 생산을 통해서 행복이 극대화되기 때문이다. 한편 경제생태계는 일정한 분야에서 경쟁 우위가 덜한 측은 재능에 맞는 다른 분야를 찾도록 장려한다. 물론 단기저으로 보면 가혹하게 여겨지고 때로는 실제로 가혹하기도 하지만 우리는 경제생태계에서 두 가지 기본 역할을 한다는 점을 잊어서는 안 된다. 한 가지 역할은 생산하는 것이고 다른 한 가지 역할은 타인의 생산물을 소비하는 것이다. 삶의 두 가지 면이 경제생태계에서 상호작용하는 과정을 다음에서 살펴보자.

생산자의 보조금이
소비자에게는 세금

경쟁력이 없는 산업을 보호할 의도로 만든 각종 관세와 장벽은 사실상 해당 생산자에게는 보조금이고 소비자에게는 세금이다. 미국 테네시 주의 티셔츠 생산자(미국 내 모든 티셔츠 생산자 포함)를 저렴한 티셔츠를 생산하는 인도네시아 업체로부터 보호하려고 조치를 취하면 미국 내 모든 티셔츠 가격이 갑자기 올라갈 것이다. 자동차와 토스터와 자동 응답기에도 동일한 원리가 적용된다. 따라서 경제생태계의 자연 기능을 통제해 한 사람이나 사업가나 고용인을 보호하면 제품 가격이 올라가기 때문에 결국 해당 제품을 사야 하는 다른 모든 사람이 피해를 입는다.

그러나 이에 그치지 않고 상황이 더 심각해진다. 경제생태계의 장려책을 멋대로 조작하려는 (그리고 경제생태계의 법칙에 어긋나는) 정부의 시도는 경제생태계 운영을 비효율적으로 만든다. 얼마 지나지 않아 경쟁력이 떨어져 1인당 생산량, 원자재 대비 생산량, 시간 단위 대비 생산량이 줄어든다. 최종적으로 모두에게 손해다. 이렇게 보면 생산자의 삶을 편하게 하고 변화나 압박의 영향을 덜 받게 하려고 소비자에게 피해를 주는 셈이다. 그렇다면 누가 소비자를 보살펴준단 말인가? 무엇 때문에 소비자가 그런 손실을 감수해야 하는가? 게다가 잊지 말아야 할 점이 있다. 모든 사람은 생산자인 동시에 소비자다. 그러니 보조를 받은 생산자도 최종적으로는 소비해야 할 제품의 가격이 인상되어 피해를 본다.

경제생태계의 한 분야에서 상실된 효율성 때문에 전 생물생태계에 피해가 가므로 시간이 지나면서 상실과 보완의 일대일 균형 관계가 생긴다. 더구나 개인은 한정된 에너지를 경제생태계에 투입하기 때문에 경제에서 발생하는 생산량은 각자 하기 나름이다. 한 사람이 다른 사람에게서 뺏는 것이 아니다. 모든 사람이 가치를 뿜어내는 분수대 역할을 하는 것이다. 때로 몇몇 사람이 타인이 이룬 업적을 가로채 부자가 되는 것처럼 보이겠지만 순간적 분노로 근본적 진실이 보이지 않는 것뿐이다.

이제 슬슬 다른 법칙을 소개할 때가 된 것 같은가? 그렇다!

경제생태계의 제4법칙

풍요로움의 법칙 : 경제생태계에는 한쪽에는 빼앗아 다른 쪽에 주는 법은 없다.

악당이 아니라
자비로운 체계

경제생태계는 우리가 경쟁하면서 성장하도록 조장하는 자연 체계이지만 절대로 우리가 공유하는 부를 빼앗아가지는 않는다. 경제생태계가 앗아가는 듯 보이는 부분은 시장 가격과 장려책에 영향을 주는 상대적 과잉분과 부족분일 뿐이다. 이는 중요한 점이다. 경제생태계에서는 한 사람이 성공한다고 해서 그것이 다른 사람이 실패한다는 의미가 아니다. 경제생태계는 우리가 경쟁해서 향상하도록 조장하는 자연 체계이지만 부의 총계에서 앗아가는 법은 결코 없다.

우리가 살아가도록 지탱해주는 경제생태계를 완전히 이해하지 못하는 사람은 제멋대로이고 난폭한 경제생태계는 연약하거나 순진한 사람을 강탈하는 악당이라고 믿는다. 하지만 이들의 생각이 틀렸다고 확신한다. 게다가 경제생태계가 중립적이기보다는 오히려 자비로운 체계라는 주장까지 할 의사가 있다. 경제생태계는 이 체계를 받아들이고 이해하려 공부하며 이와 조화하며 사는 사람에게 보상해주는 자애로운 체계라는 뜻이다. 또 경제는 너그러워서 경제생태계를 불신하고 경제생태계의 작용을 난장판쯤으로만 생각하는 사람들에게서도 부를 빼앗아가지 않는다는 주장까지도 할 수 있다. 결국 장려책과 억제책이라는 경제 체계가 관장하는 시장의 지혜를 믿든 말든 자유다.

경제는 모든 사람을 통제한다. 그리고 애덤 스미스(Adam Smith)의 '보이지 않는 손(자유 시장에서 사리사욕을 추구하는 사람은 공동체 전체의 이익도 조장하는 경향이 있다는 이론)' (국가가 시장에 개입하지 않으면 자연스럽게 공급과 수요가 균형을 이루고 가격이 적당히 결정되어 경제가 합리적이고 효율적인 상태가 된다고 주장—옮긴이)을 지침서로 삼는 사람에게는 경제생태계가 믿을 수 있는 조언자이자 스승이지만 그렇지 않은 사람에게는 보이지 않는 손이 아니라 잔인하고 무작위적이며 보이지 않는 세력만 눈에 들어올 것이다.

때로 사람들이 경제활동에서 얻은 결과물이 거의 비슷해보일지라도 개인적인 경험과 해석은 각자 상당히 다르다. 모든 사람은 유용성을 극대화하려 하며 유용성을 행복과 동일하게 여긴다는 점을 명심하자. 경제생태계를 있는 그대로 제대로 보면 경제생태계가 제공하는 것이 더욱 행복하고 편안하게 보일 게 확실하다. 그저 두려운 혼란 상태가 아니라 말이다. 경제의 기능을 이해하지 못하면 각 결과물이 나오게 된 이유를 평생 이해하지 못하고 그저 결과물만 보게 될 것이며 이는 자신에게 전혀 도움이 되지 않는다.

2

경제는 어디에서 오는가?

경제가 솟아나오는 분수대

경제가 어디에서 오는지는 거의 제기되지 않은 질문이다. 매주 일요일 오전에 정치 정책을 다루는 여러 텔레비전 프로그램에서 이런 질문을 제기한다면 얼마 지나지 않아 재치 있는 답변이 많이 나올 것이라고 장담한다. '경제는 천연 자원에서 나온다', '경제는 훌륭한 정책 수립에서 나온다', '경제는 중산층에서 나온다', '경제는 나에게서 나온다. 그러니 선거에서 나를 뽑아주면 ……를 하겠다!' 마지막 답변은 한심하게 들리겠지만 위에 나온 답변들 못지않게 맞는 말이긴 하다.

다음은 경제가 어디에서 오는가 하는 질문에 답할 때 생각해봐야 할 점이다. 모든 경제에서 시작해서 경제가 더는 존재하지 않을 때까지 각종 요소를 빼보자. 그러면 경제의 근원을 발견하게 될 것이다. 자, 그럼 일단 시작해보자. 멋진 애완동물 가게에 있는 금붕어를 경제에서 빼보자. 여전히 경제가 존재한다. 이제는 땅에 심어놓은 고추를 경제에서 빼보자. 아직 경제가 존재한다. 그러면 보트를 없애보면 어떨까? …… 그래도 경제는 존재한다. 인터넷도 빼볼까? …… 역시 경제는 있다. 이쯤 되면 쇼핑 카트에서 동물이 빠졌고, 바다를 건널 수 없으며, 음식이 딱히 입맛을 돋우지 않고, 어항에서 살 주인이 없어졌다. 그런데도 아직 경제는 존재한다.

이 과정을 계속 거쳐서 다섯 사람과 연방 정부만 남겨놓아 보자. 역시 경제는 존재한다. 이제 정부를 빼보자. 서로 물물교환을 하는 다섯 사람이 아직 남았다. 그렇다면 경제는 서로 물물교환을 하는 사람들에게서 나오는 것일까? 이제 네 사람을 빼보자. 이제는 한 사람만 남는다. 그 사람은 식량과 장작을 모으고 옷을 만들고 집을 지으면서 하루를 보낸다. 이 모든 것은 제품과 서비스다. 이 제품과 서비스는 이제 홀로 남은 의사결정자 한 사람에게 각자 다른 비교 가치를 지니며 개인 선호도를 바탕으로 생산되고 소비된다. 이 역시 경제다. 비록 지극히 외로운 최저생활의 경제(택배물인 배구공이 없다뿐이지 영화 〈캐스트 어웨이(Castaway)〉에 나오는 톰 행크스(Tomm Hanks)의 섬 생활과 비슷하다)이긴 하지만 말이다.

좋다. 이제 마지막 남은 사람까지 빼보자. 그래도 식량이 남지만 이를 수확할 사람이 없다. 집이 필요 없다. 옷이 필요 없다. 수요가 없기 때문에 가치가 존재하지 않는다. 그러니 이제는 경제가 존재하지 않는다. 따라서 한 사람만 있으면 경제가 생기는 듯하다. 자신의 시간과 능력을 이용해 필요한 물건을 생산하고 소비할 단 한 사람 말이다. 경제가 솟아나오는 분수대는 바로 그 사람이다. 이렇게 보면 앞서 말한 정치인이 자신이 경제적 행복의 결정권자라고 한 말이 옳다고 할 수 있다. 누가 이렇게 생각하든 모두 옳다. 경제는 모든 개개인에게서 흘러나오니 말이다. 경제는 필요한 제품과 서비스를 생산할 때와 여가 시간을 즐길 때 우리의 잠재력을 소진하는 과정에서 발생한다.

이쯤 되면 다음과 같은 생각이 들 것이다. '좋다. 경제적 산물이 개인에게서 나온다고 치자. 그러나 나는 경제 교재에 나온 사례가 아니며 무인도에 떨어진 톰 행크스도 아니다. 나는 실제로 존재하는 사람이고 직장이 필요하다! 적어도 내가 관심이 있는 경제는 월급을 받는 데에서 시작한다.'

당신에게
직장이란 무엇인가?

많은 사람이 직장에서 일한다. 개인적으로 보면 당신의 경제는 당신의 직장에서 나오고 그 점이 가장 중요할 것이다. 다분히 이해가 가는 생각이다. 그렇더라도 직장이 없어져버리면 직장이 발생하는 원천에 대한 기본 이해가 중요해질 것이다.

그러면 직장이란 무엇이고 어떻게 시작됐을까? 직장은 어떻게 만들어졌으며 왜 일부는 계속 남아 있는 반면 일부는 사라져버린 것일까?

우선 직장은 경제적인 행복을 위해 만들어졌지만 사실상 경제적 행복의 필수 요소는 아니다. 직장은 교환 과정을 설명하기 위해 사용된 일종의 회계 장치다. 직장의 핵심은 한 사람의 시간이나 재능을 다른 사람의 시간이나 재능의 산물과 교환하는 것이다. 필수 요소는 직장에서 일하는 사람이다. 직장이란 업무를 수행하는 사람의 활동과 목적, 그 사람을 고용한 개인이나 회사를 서술하는 표현일 뿐이다.

사람들은 대부분 돈을 받는 대가로 일한다. 직접 물물교환을 하지는 않는다. 그러나 돈은 편리를 위해 사용하는 수단일 뿐이다. 사실상 종잇조각이나 동전 또는 요즘 말로 하면 은행 계좌로 현금이체를 받으려고 일하는 것은 아니다. 수표와 지폐와 동전으로 교환할 수 있는 것, 즉 다른 사람이 노동한 산물을 얻으려고 일한다. 날마다 동일한 생산량을 내면 되는 회사(직장과 마찬가지로 평소에 심도 깊게 생각하지 않는 개념이다. 이는 뒤에 나오는 '연합체로서 회사' 에서 자세히 살펴본다)가 있다고 해보자. 그 회사로서는 굳이 매일 새로운 사람과 계약할 필요 없이 해당 생산량을 낼 수 있는 사람을 직원으로 고용해 관계를 지속적으로 유지하는 편이 나을 것이다.

따라서 회사는 직원을 배치할 공석을 만들고 수행할 업무, 필요한 기술 또는 교육 수준, 거론된 업무를 완료한 대가로 받게 될 보상을 간결히게 서술한디. 그리고 니서 해당 업무를 수행할 의지와 능력이 있는 사람을 찾아 고용하는 과정에 들어간다. 계약하려면 고용 대상이 자기 시간과 능력을 이용해 회사에서 필요한 제품이나 서비스를 생산하겠다고 동의해야 한다. 동시에 그 일을 하면서 발생할 개인적 손실과 일하고 받은 보상인 돈으로 구입한 제품과 서비스에서 파생될 가치를 염두에 둬야 한다. 그나저나 직업이라는 간단한 개념을 설명하는 말이 참 길다. 그래서 사람들이 그저 간결

한 명칭으로 부르게 됐나보다.

보상의 가치가 업무를 수행하면서 발생할 손실과 동일하거나 크고 그보다 나은 손실·이익의 결과물을 제공하는 다른 회사가 없다면 거래가 성사된다(손실은 일을 하지 않을 때 선택할 다른 직업의 가치와 해당 직업에서 부정적인 점의 추정치로 산출한다. 사람들은 싫어하는 직업에서는 마음에 드는 직업보다 더 높은 보상을 요구한다). 흔한 말로 하면 '직장'을 갖게 되는 것이다. 그리고 회사 역시 시간이 지나면서 동일한 생각을 하게 될 것이다.

손실·이익의 결과물이 흡족하다고 믿는 한 해당 일자리를 현재의 형태와 위치로 유지할 것이며 해당 업무를 하는 직원을 계속 고용하려고 노력할 것이다. 반면에 더 나은 거래 조건이 발생할 기회가 생기면 회사는 해당 업무를 교체하거나 직원을 교체하거나 아니면 두 조치를 동시에 취할 것이다.

그리고 모든 일에서 창출되는 가치 중에 대부분을 만들어내는 당사자가 개인이기는 하지만 우리는 정식 직장을 가지는 편이 아주 편리하고 최적 상태가 되도록 사회를 세워놓았다. 개인의 처지에서 직장이 있으면 계획을 더 장기적으로 세울 수 있고 매일 아침마다 교환 기회를 찾으러 다니는 것보다 더욱 안정적이다. 그리고 직장은 각자 가장 뛰어난 분야에 집중해서 일하도록 해주며 이렇게 해서 생긴 다른 업무는 그 분야에서 가장 뛰어난 다른 사람의 몫으로 돌아간다.

혹시라도 각자 사용하는 모든 제품을 직접 생산하려고 든다면 실제로 사용할 수 있는 제품이 현재보다 훨씬 줄어들 것이다. 또 고용주나 회사가 생산하는 제품의 모든 부속을 자체적으로 만들려고 한다면 생산량이 현재보다 훨씬 줄어들 것이다. 그러니 각자가 가장 뛰어난 기술을 지닌 부분을 전문적으로 담당하는 방식이 최상이며 이는 수많은 사람이 직업을 갖는 이유 가운데 중요한 부분을 차지한다.

직장은 우리가 최대한 생산성을 발휘하게 해주며 따라서 최적의 보상을 받게 해준다. 그러나 직장이 전부는 아니다.

일만 하고
놀 줄 모르면 손해

인간은 유용성을 극대화하려고 한다는 점을 잊지 말자. 한계에 달할 정도로 일만 하면 만족할 수 없다. 자신이 원하는 물건과 교환하기에 충분한 시장가치가 있는 제품과 서비스를 생산하되 가능한 한 적게 일할 때 만족감을 얻는다. 어느 시점에 이르면 한 시간 더 야근해서 받는 수당으로 구매할 수 있는 추가 물품보다 소중한 여가 시간이 더 가치가 있기 마련이다. 그리고 이런 시점이 되면 소중한 여가 시간을 노동 시간과 교환하는 것을 중단하게 된다.

사람은 선천적으로 이런 판단을 내리게 돼 있으며 이로써 결국 삶은 일과 여가가 어느 정도 혼합된 상태가 되는 것이다. 생활비를 벌려고 하는 활동과 삶을 즐기려고 하는 활동이 혼합된 비율은 사람마다 다르다.

모든 것은
생산성에 달려 있다

앞서 말한 것이 삶, 명확하게 말하면 개인의 삶이다. 그렇다면 전체는 어떤가? 이 장의 목표는 경제의 발원지를 논의하는 것이다. 그러나 지금까지는 개인과 직장을 주로 거론했다. 여기에는 그럴 만한 이유가 있다.

사람들은 정말로 좋아하는 무엇인가를 이야기할 때 '전체는 부분의 총합보다 낫다'라는 말을 즐겨 한다. 예를 들면 2008 탬파베이 레이스(Tampa Bay Rays, 플로리다 템파에 연고를 둔 메이저리그 프로야구 팀—옮긴이) 팀은 소속 야구 선수들을 다 합해놓은 것보다 낫다거나 브루클린에 있는 파크 슬로프라는 동네는 그곳에 있는 식당을 다 합해놓은 것보다 낫다는 식으로 말한다. 무엇인가가 그 자체를 구성하는 기본 요소를 뛰어넘는 존재라고 생각하는 것은 기분 좋은 일이다. 예를 들어서 나는 팻시 레스토랑에서 특히 올리브와 피망이 들어간 피자(맨해튼 사람들의 주식)를 좋아하며, 이 피자에는 단순한 밀가루와 토마토와 치즈 이상의 맛이 있다고 생각한다. 또 나는 내가 필요한 모든 것을 제공해주기 때문에 경제생태계를 좋아한다. 경제생태계는 품격이 있으며 겉으로는 취약해보이지만 장기적 시각으로 보면 확실히 회복력이 있다. 경제생태계는 시장에 부족하거나 다른 사람들이 높게 평가하는 제품, 서비스를 생산하도록 조장한다. 반면에 이미 공급이 넘치거나 가치가 없는 제품, 서비스를 생산하지 않도록 설득한다. 사람들이 말하듯이 2008 탬파베이 레이스가 연봉의 가치보다 경기를 잘했을 수도 있고 팻시 레스토랑의 피자가 재료의 맛을 능가할 수도 있다. 어쨌든 확실히 말할 수 있는 점은 경제가 아무리 품격이 있고 복잡하더라도 그저 이를 구성하는 각종 부분이 모두 합해진 존재일 뿐이라는 것이다.

경제는 당신의 생산물과 내 생산물과 당신 이웃의 생산물과 내 이웃의 생산물 등이 합해진 것이다. 모든 것을 다 합하면 경제가 된다. 경제가 번창할 때 모든 사람은 질이 높고 양이 많은 제품과 서비스를 점차 빠른 속도로 생산한다. 우리는 시간이 지날수록 생산성을 높이는 경향이 있기 때문에 동일한 품질과 일정한 생산 속도를 유지하는 것에는 만족하지 못하며 이 덕분에 시간이 흐를수록 부가 증가한다. 혁신을 하면 보상해주는 것은 경제생태계의 속성이며 근로자가 생산성을 향상하도록 조장하는 핵심 요소다. 마찬가지로 경제가 균형을 잃고 침체기에 빠지면 총생산성이 줄어들거나 아예 중단된다.

　모든 것은 순전히 생산성에 달려 있다. 그러므로 우리는 생산의 필수 원천이다. 이 중요한 점은 대체로 간과된다. 물론 생산성에 영향을 주는 요소는 아주 많다. 이를테면 다음과 같다. 당신의 시간과 재능을 다른 사람의 재능의 산물과 교환하는 것을 조장하는 곳에 살고 있는가(즉 거래가 자유로운 시장 경제인가)? 사람과 정보와 중간 상품과 완성품을 원활하게 이동할 기반 시설이 갖춰져 있는가? 제품과 서비스의 가치를 높이거나 생산량을 늘릴 수 있는 능력을 키울 교육 자료가 충분한가?

　위에 나열한 내용은 전체적 부를 높이기 위한 필수 요소이며 경제 상황을 개선할 목적으로 시행하는 정부 정책을 논의할 때 특히 중요하다. 경제와 관련된 정부 정책은 우리의 생산성을 올리는 데 초점이 맞춰져야 한다. 그러나 실상은 이런 중요한 점을 제외한 다른 부분에만 초점을 맞춘다. 그리고 특히 이런 경향이 두드러지는 국가나 시기가 있다.

　지난 몇 십 년 동안 경제계에서 두드러진 두 일화를 예로 들어보자. 바로 중국과 인도이다.

자율권의 힘이 변화시킨
중국과 인도

중국과 인도는 최근 몇 십 년 동안 국토가 광대하고 인구가 많은 나라에서 부를 폭발적으로 성장시켰다. 이런 경제 발전은 오랫동안 경제생태계가 제공한 자연적 장려 체계를 차단하고 자체적 경제 장려 제도를 강요하는 정책을 중단한 뒤에 일어났다. 사실 두 국가는 집산주의(토지, 공장, 농장, 철도 등 주요 생산수단을 국유화해서 정부가 모든 농장과 산업을 관리해야 한다는 사상—옮긴이)의 실험(중국에서는 공산주의, 인도에서는 사회주의)이 여러 번 실패로 돌아가는 동안 지독한 가난에 시달렸다. 그러다가 국가 정책을 변경해서 국민이 경제생태계와 조화하며 살도록 허용했을 때에야 비로소 두 국가는 뛰어난 잠재력을 발휘하기 시작했다(그러나 과거의 실패한 경제 제도의 유산인 빈곤이 완전히 사라지자면 수십 년이 걸릴 것이다).

근로자 생산성이 다른 국가들보다 열세에 있고 국가 크기가 어마어마하다는 점을 감안하면, 두 나라가 지금의 여정을 계속 밟아가는 한 앞으로도 수십 년 동안 경제 성장 면에서 세계 선두 자리를 지킬 것이다. 두 나라는 아직도 한참 뒤처져 있어 성장 잠재력이 거의 무한대인 셈이다.

인구과밀인 두 나라 역사는 시장의 힘을 제거하고 경제생태계의 법칙을 없애버리려고 할 때 발생하는 부정적 영향을 기가 막히게 잘 보여주는 예다. 또 두 나라가 시장의 힘을 복구하기로 재빨리 승인한 결과 사회 환경과 조화하며 살기로 작정하고 가격이 생산의 길잡이가 되도록 내버려두며 구성원이 각자 독특한 재능과 선호도를 바탕으로 결정을 내리도록 허용하기만 해도 얼마나 빠르게 성장할 수 있는지 잘 보여주었다.

중국과 인도에서 국가의 기본 재산이나 천연 자원의 구성에 전혀 변화가 없다는 점에 주목하기 바란다. 갑자기 유전이나 금광이 발견되지는 않았다. 유일한 변화는 개인이 경제 활동을 스스로 선택할 수 있는 자율권을 얻은 것이다. 과거에 선택된 소수가 판단을 내리던 경향이 이제 수십억 명이 결정을 내리는 쪽으로 대체됐다.

이런 수십억 개의 소소한 결정은 지역 상황을 잘 반영한 상세한 정보를 바탕으로 개인 관계를 고려해서 내려진다. 그러므로 다수의 소소한 결정은 '올해는 옥수수를 심어라!' 라는 식으로 소수 권력자가 규모가 큰 사안을 독재적으로 결정하는 경우보다 사안을 훨씬 잘 파악한 상태에서 신중하게 내려진다. 앞서 예로 든 것과 같은 중앙 집권제의 포고령은 과거 수십 년 동안 중국의 상징이었으며 수시로 일부 상품은 과잉 공급됐던 반면 다른 상품은 심각하게 부족했던 상황에 한몫했다.

큰 샹들리에는
이제 만들지 않는다

어릴 때 학교에서 배운 중앙 계획 경제와 순수한 시장 주도 활동을 서로 비교한 개념을 이야기해보겠다. 내용의 진위야 확실하지 않지만 그렇다고 거짓이라고 치부할 이유도 없는데다가 어쨌든 학교에서 배운 내용 중 몇 가지는 실제 사실에 기반을 두고 있다고 믿고 싶은 마음도 있다. 게다가 이 예는 좋은 의도로 세워진 중앙정부의 계획이 예상과 어긋나는 결과로 이어지는 과정을 생생하게 보여준다.

옛 소련 시절에 샹들리에 공장은 정부로부터 생산 명령을 받았을 것이다. 현재 전체적인 경제생태계와 조화를 이루며 사는 시장 중심 체계에서는 샹들리에를 생산하는 공장이 직접 고객을 찾아 나서서 수요가 있는 제품의 종류와 시장이 감당할 수 있는 가격을 파악하려고 노력할 것이다. 이런 공장은 샹들리에의 제품 라인을 최적으로 혼합한 뒤 열과 성을 다해 최대한 효율적으로 생산해서 공장주에게 돌아가는 수익을 최대로 높여줄 것이다.

옛 소련의 샹들리에 공장에 근무한 근로자들 역시 현재 모든 사람과 다름없이 유용성 극대화주의자였으며 자신에게 돌아오는 이익을 최대화하려고 나섰다. 경제 체계와 정치 체계와 상관없이 모든 사람은 유용성을 극대화하려는 기질을 타고난다. 시대를 불문하고 이 점은 변하지 않는다. 한편 소련에는 생산량에 영향을 줄 시장 가격이 없었다. 그 대신에 중앙의 입안자들은 생산물의 무게를 바탕으로 보너스를 지불할 공장을 결정했다. 이 방법이야말로 공장의 총생산성을 공정하게 측정하는 방법이라고 여겨졌다.

그러므로 유용성을 극대화하려는 영리한 샹들리에 제조자들은 입안자들의 장려책을 이해하고는 그들의 목표를 충족하는 작업에 돌입했다. 제조자들은 엄청나게 무거운 샹들리에를 생산했다. 현실적으로 일반 천장에 걸 수 없을 정도로 무거웠고 당연히 수요가 전혀 없었다. 중앙정부는 총생산물의 무게가 가장 많이 나가는 공장에 보상을 가장 많이 했고, 모든 제조자는 그 정책을 따랐다. 공장은 거대하고 쓸모가 없으며 구상 자체가 잘못된 샹들리에를 생산했다. 이 경우에서 각 개인은 눈앞에 보이는 장려책을 따라 행동해 유용성을 극대화하려고 했으며, 잘못된 장려책을 제공한 당사자는 중앙정부의 입안자였다.

중앙정부의 입안자는 시장을 바탕으로 가격이 책정되는 체계를 없애고 새로운 장려 체계를 만들려고 노력한다. 이는 경제생태계 내에서 조화를 이루며 사는 것과 정반대다. 집을 지을 때 해당 지역의 지형을 고려해 적절한 위치를 선정하는 대신, 무조건 언덕을 무너뜨려 반반하게 다지고 호수를 메우며 강이 흐르는 방향과 지표면의 높낮이를 멋대로 바꾸는 꼴이다. 토지 개발에서와 마찬가지로 경제 관리에서도 제대로 파악하지도 못한 상호의존적 체계를 마음대로 바꾸려고 하면 결과가 처참해진다. 결과적으로 정책 결정에 직접 참석해 의사를 분명하게 표현할 수 없는 대다수 국민과 해당 체계 내에 존재하는 수많은 변수에 부정적 영향을 미칠 여지가 커진다.

우리에게 영향력을 미치려는 세력이 무엇이든 간에 사람들은 모두 여전히 행복을 극대화하려고 노력할 것이다. 우리는 잠재적인 수명을 지니고 태어나며 주어진 모든 과업에 활용할 수 있는 정신적·신체적 능력을 지니고 있다. 또 교육과 훈련과 경험을 통해서 더욱 가치가 있는 제품과 서비스를 생산하도록 능력을 키울 수 있다. 우리에게는 스스로 상황을 최상으로 만들려는 욕구가 있다. 스스로 창출한 제품과 서비스를 다른 사람의 노력으로 탄생한 산물과 교환해 가정을 부양하는 동시에 가능한 한 여가 시간을 최대로 유지한다.

우리에게 주어진 시간은 한정되어 있는지라 생산성을 최대한 높여서 일하려고 노력하게 된다. 그 결과 노력에 최대 보상을 받아서 가족, 친구와 보내는 시간 같은 여가 활동을 즐길 시간을 최대로 늘릴 수 있다. 또 장려책 덕분에 시간과 자원과 인력을 가장 잘 이용하려고 노력하게 된다. 이는 그야말로 원활하고 기발한 체계다.

그렇다면 이 모든 것을 가능하게 만드는 핵심 요소가 무엇일까? 그 요소가 욕구나 판단력인가? 아니면 교육이나 능력인가? 이 모든 것이 다 핵심 요소다. 그러나 이런 요소는 모두 하나의 기본 상품, 즉 개인에게서 나온다. 사람 자체가 필수 원료인 것이다! 사람이 없으면 만물이 쓸모없다. 그리고 경제 전체는 사람이 한 각종 활동의 총합으로 구성된다. 경제는 사람에게서 나온다!

매일 아침에 우리 내면에서는 방아쇠가 당겨진다. 다른 사람이 가치를 평가할 제품과 서비스를 생산함으로써 부를 늘리려는 기본 욕구가 발동하는 것이다. 우리는 자기 자신과 가족을 부양하는 동시에 취미 생활과 사교 생활을 즐길 여가 시간을 최대한 유지할 수 있도록 각자 가장 뛰어난 점을 서로 교환한다. 사실 이는 전 세계를 무대로 펼쳐지는 아주 멋진 안무인 셈이다.

나는 홍콩 하늘에 떠오르는 태양을 호텔 창문을 통해 바라보면서 이 글을 쓰고 있다. 한동안 고요히 달빛을 반사하던 항구는 이제 다양한 크기와 모양의 배들이 휙휙 지나다니면서 생기를 완전히 되찾았다. 자연은 태양과 온기와 물 등을 제공하며 우리는 주어진 시대에 맞는 가치를 창출하려고 활기차게 나아간다.

3

인생은 기회로
가득 차 있다

경제적 결정을
잘 하기 위하여

지금까지 설명한 삭막한 용어를 감안하면 경제생태계에서 삶은 어쩐지 인간미가 없다는 느낌이 들 것이다. 그리고 유용성을 극대화하려는 타고난 성향과 사물의 자연법칙에 대한 불충분한 정보, 어리석은 간섭을 설명한 내용이 조금 어색하게 여겨질 것이다. 물론 경제생태계에 대해 설명한 내용이 일반직인 경제 해석과 많이 다르다는 점을 인정한다. 그러나 우리가 살아가면서 접하는 특별하고 놀라운 모든 경험은 실제로 이 체계에 딱 들어맞는다.

경제생태계는 우리가 해야 할 행동을 분명히 알려주지는 않는다. 이보다는 우리가 원하는 목표에 도달하게 해주는 의사결정 과정에 영향을 미친다. 이는 이 세상을 살아가기에 흥미로운 장소로 만들어주는 엄청나게 다양한 생산량과 아이디어를 설명해준다. 모든 사람이 갈망하는 공통 목표는 행복(또는 유용성)의 극대화뿐이다. 이런 갈망 때문에 우리는 등산하거나 컴퓨터 프로그래머로 일하거나 자녀를 10명 낳거나 학교에 다니거나 늦잠을 자거나 승려가 된다. 그러나 이런 결정으로 이끄는 모든 과정은 경제적 결정이며 이는 경제생태계의 법칙에 부합해서 일어난다.

이런 이야기가 영 설득력이 없다는 생각이 드는가? 그렇다면 전형적인 삶의 모습을 예로 들어서 어떤 결정과 장려책이 우리 인생 행로를 이끄는지 알아보자. 그리고 그런 결정이 필연적으로 경제생태계의 법칙에 따라 내려지는 과정도 살펴보자. 경제생태계의 법칙은 구매할 집을 물색 중인 두 자녀의 아버지이자 한 회사의 직원인 중년에게나 댄스파티에 함께 갈 데이트 상대를 구하려는 어수룩한 십대에게나 동일하게 적용된다. 중년 남성과 십대 청소년이 경험하는 삶은 딴판이지만 근본적으로 두 사람은 거의 동일하다.

1964년
경제적 잠재력의 탄생

그러면 이야기를 시작해보자. 이제 나는 축복을 받고 태어난 신생아 밀턴 티베리우스 디킨스(Milton Tiberius Dickens)와 샬럿 마거릿 랜드(Charlotte Margaret Rand)를 소개하려고 한다. 두말할 필요 없이 두 아기 모두 가족에게 소중한 존재다. 신생아 밀턴과 샬럿이 살아가면서 무엇을 싱취하게 될지 아직 아무도 모른다. 두 아기가 앞으로 보고 경험할 수많은 일들을 상상해보라!

물론 두 아기가 경험할 경이로운 일을 세세하고 정확하게 상상할 수는 없다. 그러나 우리는 이들이 살아갈 경제생태계의 시간을 초월한 법칙을 알고 있으므로 이를 통해 두 아기가 직면할 게 확실한 결정과 장려책의 형태를 상상해볼 수 있다. 사실 이는 경제생태계의 작용을 이해하는 데 도움이 되며 두 아이 앞에 놓인 인생을 약간이라도 생각해볼 기회가 될 것이다. 어쩌면 두 아기가 하게 될 모험과 성취를 자신과 가족의 모습에 비추어 볼 수 있을 것이다. 그리고 실제로 밀턴과 샬럿이 한 길 건너서 살지 누가 알겠는가? 그러면 두 아기의 인생행로를 지켜보기가 훨씬 수월해질 것이다!

경제 장려 세대의 산물, 장소

밀턴과 샬럿은 둘 다 피클보로라는 도시의 프랭크 브리지 로드 바로 옆에 있는 팍스 런 주택 개발 단지에 산다. 도시 이름이 이상한 점을 이해해주기 바란다. 대략 50~60년 이전에만 해도 이 주에서 가장 큰 오이 농장 여러 개가 바로 이 도시에 자리 잡고 있었다. 그리고 이들 농장에서 생산한 피클이 전국으로 팔려나갔다. 그러나 이제 오이 농장과 피클 제조 시설이 사라진 지 오래다(피클 공장 중 한 곳은 양조 술집으로 바뀌었다. 기발하게도 '피클드 펍(pickled는 '식초에 절인 혹은 술에 취한'이라는 뜻─옮긴이)'이라고 상호를 지은 이 선술집은 나무 장작을 때는 옛날식 오븐으로 구운 피자도 팔며 집에서 만든 피클이 테이블마다 놓여 있다. 그러나 더는 피클 공장은 아니다). 이 지역 사람들은 피클 산업이 사라진 것을 안타까워한다. 유럽에서 건너온 부지런한 이주자들은 피클 산업을 기반으로 열심히 일했고 가정을 이뤘으며 나라를 세웠다. 그런데 이제 이 산업이 모두 사라져버렸다. 정말 안타깝기 그지없다. 오늘날 그런 직장이 대체 어디 있단 말인가?

사실상 오이가 이곳에서 유명해진 이유는 19세기에 이 지역에 정착한 초기 이민자들이 농작물 재배에 뛰어난 농부였으며 비옥하고 구입할 수 있는 토지를 찾아서 이곳으로 온 때문이었다. 게다가 이들은 수세대에 걸쳐 겨울 동안 농작물을 저장하면서 축적된 전통적 통조림 가공 및 피클 제조 지식을 가지고 건너오기까지 했다. 피클이 이 지역의 주요 수출품이 된 것은 우연이다. 이민자들이 이 도시에서 농작물을 재배하기 시작한 시기가 마침 미국의 경제 제도가 창업정신을 장려하던 때였던지라 대출받기가 수월했다. 그 덕분에 멀리 떨어진 시장에까지 진출할 수 있었다. 결연한 의지로 부지런히 일하기만 하면 사업을 할 수 있었다. 미국에서 적어도 유럽 이민자들에게는 계급 제도나 법률이 신분 상승에 방해가 되지 않았다. 이렇게 해서 피클 산업이 정착됐다.

피클 산업이 아주 크게 성공을 거둬서 피클보로 지역 주민들은 자녀에게 훌륭한 중등교육을 받게 해줄 정도로 금전적 여유가 생겼다. 이 지역 역사상 처음 있는 일이었다. 이렇게 해서 교육받은 어린 이들은 의사, 기술자, 건축가, 과학자, 교사, 변호사가 됐다. 몇 세대에 걸쳐서 이 지역 출신이 전국으로 퍼져나갔다. 이들은 신분이나 직업에서 이동성과 잠재력을 제한 없이 펼칠 수 있었으며 행복의 극대화 말고는 신경 쓸 거리가 없었다. 많은 이들이 피클보로에서 24킬로미터가량 떨어져 있으며 당시에 빠르게 발전하던 도시 빅톤으로 이사를 갔다. 빅톤은 급속도로 성장해 얼마 되지 않아 주변 농장 지대로까지 뻗어나갔다.

이렇게 되자 피클보로와 주변 소도시들의 땅값이 올라갔으며 농부들은 농사일을 그만두고 땅을 팔아서 벼락부자가 됐다. 그 결과 피클보로와 근접한 많은 농업 공동체가 출퇴근하는 사람들이 잠만 자는 주거단지로 바뀌어버렸다. 물론 이런 변화가 나쁘다는 말은 아니다. 그러나 이런 개발이 이례적으로 너무 빠르게 실시됐고(아마도 잘못된 기획) 기이하고 부자연스러울 정도로 널리 확산됐다. 연방정부와 주정부가 진행한 사업을 생각해보면 비정상적 개발이 어쩌면 당연한 수순이었을 것이다. 정부는 넓은 도로를 건설했고 성장 추세인 자동차 문화와 산업 복합단지를 은연중에 장려했으며 각종 대출 제도를 동원해 주택 구매를 보조했다.

정부가 출퇴근 시간이 길다는 단점이 있되 집과 주차장이 더 큰 교외 주택단지 모형으로 변경하는 정책을 적극적으로 진행한다면 국민은 그 기회를 충분히 활용할 것이다. 앞서 말했듯이 사람은 모두 유용성을 극대화하려 하며 결정을 내릴 때 필요한 정보 중 많은 부분은 시장 가격에서 나온다. 자연적으로로건 정책에 따라서건 경쟁 제품이나 대체 제품이 기존 것보다 싸면 소비자는 당연히 싼 제품을 선택할 것이다.

이쯤에서 다시 피클보로의 교외 단지 조성 과정으로 돌아가 보자. 많은 자녀가 행운을 찾아서 도시로 떠나는데다가 교통이 편리해져 토지가 비옥한 남부와 서부 지역으로 접근하기가 쉬워지자 오이 산업을 지속할 이유가 없어졌다. 새로운 주거단지가 조성되는 바람을 타고 지역의 땅값과 부동산세까지 상승하는 판국이니 그 시기에는 땅을 현금으로 바꾸는 것이 타당했다.

시간이 약이라고 했던가! 10여 년이 지나서 20세기 후반에 이르자 밀턴과 샬럿이 태어난 소도시는 결국 활기가 없는 교외 주택단지로 변모했다. 교외 주택단지 조성 사업은 애초에 판단이 잘못된 정책으로 시작됐으며 소도시에 살던 가족을 대도시 변두리 지역으로 밀어내버렸다. 이후 변화가 약간 더 일어나서 지역 경제가 다양한 산업으로 분화됐고 주민 대다수는 멀리 떨어진 시내로 통근하지 않는다. 그 지역과 주변 교외 지역이 대도시 경제의 일환으로 영입돼 산업체가 많이 생긴 덕에 이제 지역 내에서 출퇴근하게 된 것이다. 따라서 상황이 조금 흡족해졌다. 특히 대도시에서 멀리 떨어진 곳에 교외 주택단지를 조성하려던 정부 정책이 실패로 돌아가서 땅값 상승과 통근 시간 증가로 생긴 손실이 기하급수적으로 늘어나자 정부의 장려책이 조금 더 자연스러워졌다(더 적절한 표현이 없는지라 이 단어를 쓴다).

유아의 직업은 귀엽고 꺼안고 싶은 존재

그러면 밀턴과 샬럿, 피클보로의 프랭크 브리지 로드 바로 옆에 있는 팍스 런에서 태어난 두 사람의 삶을 다시 이야기해보자. 이 두 주인공은 아직 그저 갓난아기이며 따라서 선택권이 약간 제한돼 있다. 두 아기는 언어 기술이 부족하고 이동성이 한정돼 있으며 기본적인 위생 규칙을 모르기 때문에 직업이나 생활 방식을 선택할 여지가 거의 없다. 기본적으로 두 사람은 현재 위치에서 꼼짝할 수 없고, 이들에게 직접 영향을 미치는 지역 경제는 각자 가정에서 가진 것뿐이다.

당분간 밀턴과 샬럿이 생산해서 교환할 수 있는 제품이나 서비스가 몇 가지 있다. 이들의 기본 욕구는 아주 간단하다. 기본적으로 음식과 집과 기저귀 갈아주기만 제공하면 된다. 이 밖에 흥미로운 장난감을 바라는 욕구도 있으며 아이는 장난감을 가지고 놀면서 시장성이 있는 고급 기술을 쌓는다. 마지막으로 감정적 애착을 바라는 욕구가 있다. 근본적으로 사람은 모두 사회적 생물이기 때문에 이런 애착을 갈구하게 되며 밀턴과 샬럿도 앞으로 이를 찾으려고 노력할 것이다. 관계 구축은 사람에게 가장 중요한 기술이며 이를 통해 전문성을 습득하고 살면서 필요한 것과 교환할 수 있게 된다. 따라서 사회관계를 조성하려는 성향은 몇 세대를 걸쳐서 인간의 유전자에 내재돼왔다. 현재 밀턴과 샬럿은 이 활동에만 완전히 몰두한다.

위에서 나열한 욕구는 상당히 기본적인 사항이다. 게다가 두 아기는 아직 체구가 아주 작고 물건을 가진 게 없으므로 공간을 거의 차지하지 않는다. 그렇긴 하지만 이들이 필요한 것을 얻기 위해 생산해야 하는 제품이나 서비스 역시 제한돼 있다. 여러 면에서 이들이 습득한 기술이 거의 없다는 점을 감안하면 유아기는 경제생태계에서 살아가기가 겁이 나는 시기 중 하나다. 기본적으로 밀턴과 샬럿은 교환할 수 있는 요소를 두 개 지니고 있다. 첫째, 밀턴과 샬럿은 귀여운 아기이며 이 점이 자산이라는 사실을 깨닫게 됐다. 두 아이가 옹알거리거나 안기거나 사진기를 보고 미소를 짓는 모습에 어른들이 호감을 느끼고 선의의 행동을 할 게 확실하다. 이들은 이런 역할을 많이 할수록 더욱 큰 관심과 나은 보살핌을 받게 된다. 이 연령 때에는 귀여움이 밥값을 한다. 그러니 귀여움을 마음껏 발휘한다.

둘째, 물론 밀턴과 샬럿이 원하는 것을 얻을 수 있는 조금 못된 방법도 있다. 두 아이가 항상 이 무기를 사용하지는 않는다. 그러나 이들은 나쁜 행동(더 정확하게 말하면 나쁜 행동을 그치겠다는 약속)으로 어른들을 매수하면 자신들에게 필요한 것을 확실히 받아낼 수 있다는 사실을 알아냈다. 소리를 지르거나 발버둥을 치면 원하는 물건을 빠르게 얻을 수 있다. 어른들이 그런 행동을 좋아해서가 아니라 중단하기를 원하기 때문이다. 다소 폭력배 스타일의 전술이며 좋지 않은 행동은 이른바 부정적 외부 효과를 만들어낸다. 이는 기본적으로 영향을 받는 사람에게 대가를 요구한다는 의미다.

일반적으로 성인들의 세상에는 부정적인 외부 효과로부터 사람을 보호하는 법칙이 있다. 예를 들어 인접한 지대에서 일어나는 적절치 않은 활동에서 토지 소유자를 보호하는 건축 규제 제두가 있다. 또 소음 규제, 공공장소 금연, 텔레마케팅 규제, 뇌물수수 금지 법률 등이 있다. 이런 법률이 각종 사안을 해결하는 최선책이라는 말은 아니지만 아무튼 이런 법률이 존재하는 것은 사실이다.

밀턴과 샬럿에게는 행운인데 집이나 슈퍼마켓에서 갓난아기의 나쁜 행동을 규제하는 법률은 없다. 그러므로 이들의 가족을 보호할 안전망이 없다는 말이 된다. 가족은 나쁜 행동을 중단하게 할 방법을 강구해야만 하는데 이런 방법에는 대체로 일종의 뇌물인 보답이 필수적으로 따른다. 밀턴과 샬럿은 어느 정도 한계는 있지만 부정적 외부 효과를 조성하면 원하는 것을 얻을 수 있다는 사실을 알게 된다.

기본적으로 이 시기는 전형적인 두 상품만 존재하는 경제 체계이다. 총과 버터의 경제를 생각해보면 이해하기 쉬울 것이다. 이는 단순히 두 상품으로만 이루어진 경제가 두 산물을 어느 정도 혼합·생산하여 공동의 유용성을 최대화하는 것을 말한다. 밀턴과 샬럿에게도 동일한 원리가 적용된다. 귀여운 행동과 나쁜 행동을 어느 정도 혼합하면 가치가 가장 높은 제품과 서비스를 얻게 된다. 따라서 이들의 동기부여 수단은 최적의 혼합 비율을 찾는 것이다. 명절 때면 카메라를 보고 활짝 웃어주고 슈퍼마켓 계산대 앞에서는 고래고래 소리를 지르며 울어대면 필요할 때마다 원하는 것을 얻을 수 있다! 가장 기본적인 이 단계에서는 귀여운 행동과 나쁜 행동의 적절한 혼합이야말로 유용성을 극대화하는 방법이다.

이것이 갓난아기의 인생이다. 이후로는 삶이 더욱 복잡해지지만 어떤 면에서는 더욱 간단해지기도 한다.

1970년
사회관계를 구축하기 시작

몇 년을 뛰어넘어 보자. 밀턴과 샬럿은 둘 다 피클 메도우스 초등학교에 다니며 그사이에 상황이 약간 바뀌었다. 두 사람은 새로운 기술을 습득해서 이동 능력과 의사소통 능력이 훨씬 발달했다. 그러나 음식과 집과 원거리 이동은 여전히 가족에게 의지한다. 또 이들은 기어운 행동과 나쁜 행동 외에 새로운 생산물인 성적표를 갖게 됐다. 이제는 학교가 두 어린이의 성과를 감시하며 점수를 매긴다.

흥미롭게도 공동체들은 어린이들이 산물을 생산하는 유사 시장 체계를 만들고 여기에서 유통되는 산물은 대부분 읽기·쓰기와 산수 숙제나 시험 결과다. 어린이들은 이런 산물로 나중에 원하는 것과 교환할 수 있으므로 이는 가치가 높다. 재미있는 점은 당장의 보상이 소모품이나 돈이 아니라는 점이다. 오히려 이들의 산물은 글자로 매겨진 성적(일반적으로 A부터 F까지. 이상한 이유로 E는 빠진다)으로 교환된다. 이런 성적표가 가정으로 보내지면 주로 성적의 높고 낮음에 따라 집에서 받는 대우가 달라진다. A를 받으면 보상으로 선물을 받거나 자유가 늘어난다. F를 받으면 오락을 즐길 자유가 줄어들거나 이동성을 구속받는 등 벌이 따른다. 게다가 F를 줄줄이 받으면 학교에서조차 벌을 받는다. 이런 벌로는 반을 바꾸거나 아예 학년을 낮춰서 동년배 친구들과 친목을 완전히 단절시켜버리는 방식 등이 있다.

어떤 측면에서는 해당 체계 내의 활동과 동기보다는 그 체계 자체가 생긴 동기에 흥미로운 점이 더 많다. 공동체는 제품과 서비스를 교환하는 시장으로서 기능을 계속 향상할 장기적 장려책을 보유하고 있다. 공동체가 학교에서 배출하는 인적 자산의 질이 높을수록 제품과 서비스의 가치가 높아질 것이다.

부모에 대한 장려책은 직접적이지는 않지만 널리 영향을 미친다. 학교는 교육과 육아 서비스를 제공해서 부모가 양육에 매몰되지 않고 직장에서 일하도록 지원한다. 더구나 학교에서 제공하는 교육은 가족 구성원 전체가 더 높은 수준으로 활동하게 해준다. 교육은 또한 어린이가 결국 독립하고 나중에 나이든 부모를 부양할 능력을 갖추게 한다. 마지막으로 부모가 자녀를 성공시키려고 노력하면 아이가 실제로 성공할 확률이 높고 그 아이가 부모 세대가 되면 다시 같은 방법으로 자녀를 도와 성공으로 이끄는 순환이 이어진다.

　여하튼 밀턴과 샬럿은 학교에 틀어 박혀 있다. 몇 세대 전이라면 두 어린이는 거의 하루 종일 밭에서 오이를 따고 있었을 것이다. 그러나 오늘날 두 어린이는 지식을 갖춘 교양인이 되기 위해 거의 하루 종일 공부한다. 이들은 이미 오래전부터 개와 고양이를 구별할 수 있게 됐다. 소가 목장에서 산다는 사실을 안다. 청교도와 조지 워싱턴을 비롯한 미국 역사를 어느 정도 알게 됐다. 또 한두 자리 숫자를 더하고 빼는 산수도 조심스럽게 해보는 중이다. 이들의 동기를 유발하는 가장 기본적인 요소는 이런 과목에 숙달해서 점수가 A와 B로 매겨진 시험지와 숙제와 성적표를 집에 가지고 가는 것이다. 점수가 잘 나오면 그 대가로 아이스크림을 받거나 텔레비전을 보는 시간이 늘어나고 비디오 게임을 더 할 수 있다. 깔끔하고 단순한 체계다. 학교생활의 다른 세세한 사항도 이처럼 단순하다면 더할 나위 없이 좋을 것이다.

머릿니를 비롯한 여러 가지 걱정거리

　샬럿과 밀턴과 동급생 사이에는 복잡하고 사회적인 상호작용이 점차 늘어난다. 밀턴과 샬럿이 서로 가까운 곳에 살고 나이가 비슷하지만 아직 이들 사이의 상호작용에는 한계가 있다. 최근에 밀턴은 샬럿의 머리에서 이를 발견했다. 이 때문에 밀턴은 이가 있다고 가끔 놀려댈 때를 제외하면 되도록 샬럿을 슬슬 피해 다닌다. 반면에 샬럿은 밀턴이 착각했다고 생각하며 자신에게 쏟아진 비난이 거 짓으로 판명나기만 바란다.

솔직하게 말하면, 샬럿과 밀턴 사이의 상호작용 중 대부분은 두 어린이의 관계와 아무 관련이 없으며 오히려 각각의 친구 관계와 관련이 더 많다. 밀턴과 샬럿 둘 다 나중에 제품과 서비스를 교환하 게 될 사회관계를 구축하기 시작했다. 현재 이런 서비스는 그저 오 락 활동을 하거나 뒷마당에 있는 수영장을 이용하거나 가장 멋진 생일 파티에 초대받는 정도에 머문다. 그러나 자신의 이익에 유리 하게 행동하는 모습은 두 어린이가 성장한 뒤에 유용성을 극대화하 는 사람으로 살아갈 때 하게 될 활동과 거의 동일하다.

밀턴의 경우에 이는 대체로 운동장에서 뛰어난 운동 솜씨를 과 시하거나 샬럿 같은 여자 어린이를 괴롭히거나 교칙에 반항하기로 나뉜다. 샬럿 역시 운동을 잘해서 아주 어려운 줄넘기와 사방치기 놀이의 달인이다. 이 밖에 샬럿의 상호작용은 패션과 음악을 비롯 한 각종 대중적 취향과 관련돼 있어서 밀턴의 상호작용과 약간 차 이가 있다. 그리고 흥미롭게도 샬럿은 이가 있다고 놀리는 밀턴의 행동에 무관심한 태도를 보인 덕에 오히려 친구들에게 점수를 땄 다.

두 사람이 초등학교, 중학교, 고등학교를 거치는 학창 시절 동안 각종 양상이 변하겠지만 행동의 원동력이 되는 기본적 힘은 변함이 없을 것이다. 이는 기본적으로 학업과 사회 두 범주로 나뉜다. 학업 성적의 평가 기준은 밀턴과 샬럿이 교육받는 기간 내내 똑같을 것이다. 그리고 전적으로 점수가 성취도를 대변할 것이다. 좋은 점수를 얻으면 원하는 결과물을 얻을 수 있다. 시간이 지나면서 원하는 결과물이 자연스럽게 변할 것이다. 피클 메도우스 초등학교를 다니는 동안에는 그저 부모에게 선물을 받는 정도에 만족할 것이다. 그러나 중고등학교에서는 좋은 성적을 받으면 학업 성취도가 높은 반에 배정되는 보상이 따른다. 그리고 결국에는 성적이 좋을수록 입학할 수 있는 대학의 폭이 넓어지거나 남들보다 많은 초봉으로 원하는 직장에 취업할 확률이 높아진다. 이 시기가 되면 밀턴과 샬럿은 보상을 받는 대가로 일하는 과정에 익숙해지고 성취도가 높을수록 보상이 커진다는 점을 이해하게 될 것이다.

그러나 사회적 상호작용과 판단력은 시간이 지나면서 성숙해지는데 주요 원인은 원하는 결과가 변하기 때문이다. 이는 간과하면 안 되는 아주 중요한 점이다. 결국 모든 사람은 유용성 극대화주의자이고 앞서 말한 대로 유용성은 행복과 대략 유사한 개념이다. 전 사회에 퍼져 있는 노동과 보상 체계는 산출물을 돈으로 교환하는 과정을 보여준다. 돈은 모든 것과 교환되기 때문에 부분적으로 행복이라는 개념과 유사하다. 그러므로 우리에게 필요하고 우리를 행복하게 만드는 물건이 판매 중일 때 그 물건을 구입할 현금이 있으면 행복의 수치가 더 올라갈 것이다. 그렇지만 돈은 행복의 완벽한 대용물이 아니다. 나는 비틀스가 '돈으로 사랑을 살 수 없다'라는 노래에서 이 점을 상당히 솜씨 좋게 지적했다고 생각한다.

이 주제를 본격적으로 다루고 밀턴과 샬럿 이야기를 진전시키려면 두 사람이 함께 보낸 대학 시절로 옮겨가야 한다. 두 사람 모두 고등학교를 마친 뒤 대견스럽게도 주립대학교에 들어갔다. 이 시기에는 많은 일이 일어났다. 먼저 밀턴과 샬럿의 관계 변화부터 짚고 넘어가보자. 두 사람은 고등학교 때 연인 사이로 발전했으며 이 때문에 같은 대학에 진학하기로 결정했다.

1980년
샬럿과 밀턴, 나무그늘에서 키스하다

앞서 말했듯이 밀턴은 어렸을 때 샬럿에게 이가 있다고 몰아붙였다. 그러나 시간이 지나면서 샬럿은 밀턴이 유치하게 놀려대던 일을 잊어버렸고 밀턴 역시 당시 샬럿이 억울하게 누명을 썼다고 생각하게 됐다. 그리고 한 동네에서 성장하면서 서로 친해진데다가 공동의 친구가 몇 명 있었던 덕에 두 십대 사이에 유대감이 생겼다. 여기에 서로 한참 연애에 관심이 높아지는 시기가 되자 두말할 필요 없이 두 사람은 연인이 됐다.

지금 우리는 경제생태계와 그 내부의 영향력을 논하므로 두 사람이 사귀기로 한 결정은 유용성을 극대화하려는 각자 욕구를 바탕으로 한다는 점에 주목해야 한다. 두 사람이 서로에게 육체적으로 끌렸다는 점에서 보면 일부 욕구는 생물학적 영역에 포함된다. 그러나 나는 경제학자이므로 인간이라는 종을 영원히 지속하는 생물학적 과정을 파고들 생각이 없다. 그저 생물학적 욕구는 타고난 것이며 배우자 또는 남자친구나 여자친구를 선택하게 되는 많은 요소 중 하나라는 정도로 마무리 짓고 넘어가자.

어쨌든 생물학적 감정 외에도 이 두 사람을 비롯해 모든 사람의 행동을 촉진하는 일반적 자극제가 있다. 밀턴과 샬럿의 경우에서 두 사람이 서로 교환해야 하는 산물은 교제와 수반되는 것들이다. 이런 예로 상대방의 생각과 걱정을 자주 경청하거나, 공동의 관심사나 상대방의 관심사에 참여하거나, 상대방의 사회적 지위에 맞추거나, 선물 공세를 하거나, 식사나 오락 등 멋진 경험을 선사하거나, 나중에 번성하는 가정을 꾸릴 가능성 등이 있다.

밀턴은 샬럿의 호감을 얻으려고 주립대학교 축구 대표팀에 장학생으로 들어간다. 또 방과 후와 주말에 아르바이트해서 데이트 비용을 충당하고 두 사람이 타고 다닐 자동차를 마련한다. 샬럿 역시 나름대로 스타다. 그녀는 학생회에서 적극적으로 활동하고 성실하게 공부하며 친목 동호회에 열심히 참여한다. 그녀는 밀턴과 대학 스포츠에 대한 관심을 공유하며 마찬가지로 장학생이다. 두 사람은 각자 지위와 활동과 관심사가 있으며, 서로 공유하는 관계를 통해서 유용성을 극대화하려고 이를 자유롭게 교환한다. 둘은 이렇게 대학 신입생 시절을 함께 보낸다. 이쯤 되면 두 사람이야말로 천생연분 아닌가?

1982년
밀턴, 오늘 수업에 왜 빠졌어?

그렇지만 일 년 뒤 밀턴의 관심사가 약간 바뀐다. 밀턴이 대학 생활과 너무 잘 맞아서일 수도 있고 어쩌면 두 사람의 차이점이 새로운 환경에서 더욱 분명해져서일 수도 있다. 여하튼 문제의 주요 원인은 밀턴과 샬럿이 미래의 잠재적인 수확에 적용한 할인율이 서로 다르다는 점이다. 할인율은 기본적으로 현재의 유용성과 비교해 미래의 유용성을 할인하는 비율이다. 오늘 1달러를 받는 쪽과 내일 2달러를 받는 쪽 중에서 무엇을 선택하겠는가? 내일의 1달러에 큰 할인율을 적용하면 오늘 1달러를 받는 쪽을 선택할 것이다. 작은 할인율을 적용하면 당연히 내일 2달러를 받으려 할 것이다. 조금 더 친숙한 예를 들어 질문해보겠다. 4년 뒤 좋은 회사에 취직할 확률을 높이기 위해 지금 공부할 것인가? 아니면 그냥 동창회관 뒤 숲에서 열리는 맥주 파티에 갈 것인가?

샬럿은 미래에 작은 할인율을 적용한다. 그녀는 좋은 직장을 얻기 위해 필요한 기술을 습득하고 몇 년 뒤 자신의 성공에 도움을 줄 사람들과 인맥을 쌓는 데 관심이 있다. 반면에 밀턴은 고등학교 때 했던 아르바이트와 그곳에서 벌었던 돈이 그립다. 그는 대학 대표 팀 선수로서 경력에 관심이 있지만 동시에 대학이 선사하는 활동적인 사교생활에도 관심이 있다. 안타깝게도 두 사람의 관심사는 많은 면에서 상호 배타적이다.

이에 따라서 갈등이 생긴다. 밀턴은 당장 손에 쥔 정보와 미래의 성공에 적용한 높은 할인율을 바탕으로 태평스러운 파티광이 된다. 경기에서 벤치 신세를 면치 못하고 학점은 평균 C를 벗어나지 못하며 몸무게가 약 5킬로그램 늘었고 날마다 숙취에 시달린다. 그러나 그는 자신만의 독특한 선호도와 정보를 바탕으로 나름대로 유용성을 극대화하는 셈이다. 적어도 그는 진짜 즐겁게 보내고 있다.

반면에 샬럿은 일찍 일어나서 열심히 공부하고 각종 단체에서 적극적으로 활동하며 맥주 때문에 체중이 늘지 않도록 주의한다. 밀턴은 그녀가 새로 사귄 친구들을 싫어하며 그 친구들이 공부벌레라고 생각한다. 두 사람의 관계가 종말을 향해 가고 있다. 이는 밀턴이 잘못했거나 샬럿이 옳았다는 의미가 아니라는 점을 명심하기 바란다. 그저 두 사람의 공동 관심사가 사라졌을 뿐이다. 그리고 각자 유용성이 다른 친구들과의 관계에 극대화됐을 뿐이다. 사실 밀턴이

1학년을 마친 뒤 대학을 자퇴하고 취직하기로 하면서 고등학교 때 최고 연인이었던 둘의 관계가 슬픈 눈물과 함께 끝난다. 요약하면 밀턴은 당장 손에 쥔 돈과 그 돈을 쓸 자유를 좋아했다. 샬럿은 달성하고 싶은 미래의 꿈을 준비하느라고 단기적 기쁨을 무시했다.

1998년
여피족 샬럿, 일반 주민 밀턴

누가 상상이나 했겠는가? 샬럿은 자신과 한 약속을 잘 지켰다. 34세가 된 그녀는 전 직장 동료인 버나드와 동거한다. 두 사람은 빅톤에서 가장 큰 투자은행의 투자팀에서 입사 동기로 만났다. 두 사람 모두 석사학위를 땄고 직장에서 크게 성공했다. 빅톤에서 브라운스톤으로 지은 임대 주택에서 살고 고급 세단을 몰고 다니며 주식에 상당히 많이 투자한다. 그리고 음식과 와인과 여행과 예술 등 많은 고급 취미를 공유하는 상류층 친구들이 있다. 한때 머리에 이가 있다고 친구들에게 외면당하던 소녀 샬럿은 이제 자선 행사에 일순위로 초대받는 참석자가 됐다. 두말할 필요 없이 그녀는 전 남자친구 밀턴보다 나은 정보를 지닌 유용성 극대화주의자다.

사실 불쌍한 밀턴은 아직도 피클보로를 벗어나지 못했다. 그는 두 사람이 어린 시절을 보낸 옛 폭스 런 개발 단지에서 멀지 않은 곳에 살고 있다. 이 불쌍한 친구는 한때 대학 캠퍼스에서 인기 있는 남학생이었지만 이제는 그저 도시 패거리 가운데 하나일 뿐이다. 자퇴한 탓에 어쩔 수 없이 고등학교 때 아르바이트한 하청업체에서 다시 일을 시작했다. 그래도 세월이 흐르면서 새 기술과 경험을 조금씩 습득했고 약 10년 전에 독립했다. 주거 용지와 상업 용지에 투자 바람이 다시 불면서 일감이 상당히 늘었다.

그는 날마다 새벽에 일어나 출근한다. 그 대신 퇴근을 상당히 빨리 한다. 고향에 터전을 잡은 터라 여전히 그 지역에 사는 가족과 관계가 돈독하며 어린 시절을 함께 보낸 많은 사람과 계속 친하게 지낸다. 사교 생활 이야기가 나와서 하는 말인데, 두말할 필요 없이 피클보로에는 사업체와 집과 큰 트럭이 있는 남자와 사귀고 싶어 하는 여자가 많다. 그는 지금까지 한 여자에게 정착하지 않았지만 그렇다고 외롭지도 않다. 거의 주말마다 피클드 펍에서 친구나 가족이나 그때그때 사귀는 여자친구와 어울린다.

밀턴 역시 샬럿과 마찬가지로 유용성 극대화주의자다. 그의 종착지가 샬럿과 다르긴 했지만 그렇다고 해서 샬럿과 함께 빅톤에서 살았더라면 그의 유용성이 높아졌을 것이라는 의미는 아니다. 두 사람의 선호도와 특유한 기술과 자체 정보는 서로 다르다. 정보는 항상 불완전하지만 누구나 각자 정보를 가지고 최선을 다하며 살아간다.

사실 불완전한 정보는 유용성을 극대화하려는 활동을 방해하는 주요 요소다. 입수한 모든 정보를 감안해 최고의 성공과 행복을 찾을 수 있다고 생각하는 목적지로 향하더라도, 막상 그곳에 도착하면 자신의 보물 지도가 불완전했거나 완전히 틀렸다는 사실을 발견하는 경우가 종종 있다.

이야기가 나왔으니 말인데 샬럿과 버나드가 직종을 첨단 기술 분야로 바꾸면서 두 사람의 인생에 흥미로운 반전이 일어난다. 버나드는 첨단 기술 분야 신규 회사의 주식 상장과 인수 합병 과정에 주로 관여하며 이 중 많은 회사에서 주요 직책을 맡고 있다. 샬럿은 홍보 분야로 옮겨서 신생 인터넷 무역회사의 시장 진입과 마케팅 지원을 사업 방향으로 잡았다. 샬럿과 버나드는 21세기가 시작되는 2년 뒤에는 재정적으로 완전히 독립하게 되길 바란다.

그러나 몇 가지 안 좋은 점도 있다. 샬럿과 버나드는 그리 자주 만나지 못한다. 둘 다 야근을 많이 하며 출장이 잦다. 최근에 샬럿은 이 나이쯤이면 결혼해서 아이가 몇 명 있고 가정생활과 직장생활의 균형을 잘 유지하면서 사랑하는 버나드와 같은 길을 가고 있으리라고 예상했던 과거의 기대가 떠올랐다. 그러나 시간이란 쏜살같이 지나간다. 특히 시간과 노력을 다른 데 투자했을 때 얻는 보상이 아주 큰 경우에는 더욱 그렇다.

2000년
실직 또는 평온한 삶

샬럿 마음에 걸리는 다른 문제는 버나드가 최근 약간 변했다는 점이다. 때로 그는 다짜고짜 짜증을 내며 이전에 비해 다가가기가 힘들다. 밤늦게 외출하거나 출장 가는 게 밖으로 나돌고 싶어서인 것만 같다. 그래도 샬럿은 버나드가 그저 일에 열중할 뿐이라는 사실을 안다.

그러나 눈에 띄는 변화가 생겼다. 전반적인 재정 상황에 대한 그의 언급이 확 줄어든 것이다. 샬럿은 주로 다달이 월급을 받지만 버나드는 회사에 벌어다준 수수료를 바탕으로 주식과 연말 보너스로 봉급을 받는다. 또 버나드는 두 사람의 투자를 거의 관리한다. 이 중 많은 투자가 투기성이 있고 지금까지는 기업 담보 차입 매수 위주다. 그는 투자를 아주 잘 관리해왔고 당연히 샬럿은 그를 믿는다. 어쨌든 두 사람은 이제껏 좋은 실적을 올렸으며 아직 현금화하지는 않았지만 자본 이익을 상당히 얻었다.

이쯤에서 몇 년이 흐른 피클보로로 돌아가 보자. 밀턴은 21세기가 왔다는 것이 아직도 믿기지 않는다. 그는 여전히 형광등에 불이 들어온다는 점과 사회 체계가 대대적으로 붕괴되리라던 최악의 예언이 들어맞지 않았다는 점만으로도 그저 신난다. 비상시에 대비해 미리 사둔 가정용 발전기를 사용할 필요가 없어진 것이다. 물론 발전기야 일터에서 사용하면 본전을 충분히 뽑을 수 있으니 문제가 없다. 그나저나 오디오가 작동하지 않는다. 그는 밀레니엄 버그가 원인이라고 짐작한다. 오디오에 디지털 튜너가 장착돼 있었던 것이다. 어쨌든 삶은 평상시대로 흘러간다.

지난 몇 달 동안 밀턴 집에 배달되는 신문은 매일 기술 산업 전복을 대서특필하고 있다. 밀턴은 그리 흥미가 없다. 고객 몇 명이 이 사태에 영향을 입었지만 솔직히 말하면 밀턴에게 나스닥의 주가는 피클보로에서 멀리 떨어진 세상 이야기로만 여겨진다. 낮은 이자율과 주택 투자 붐 덕분에 사업이 잘된다. 그러니 인터넷 주식이야 빅톤에 사는 부자들이나 고민할 문제가 아닌가!

밀턴은 그 부자 중 한 사람, 그러니까 옛 친구 샬럿이 실직했다는 사실을 꿈에도 몰랐다. 샬럿은 아무리 생각해도 어쩌다가 이 지경에 빠졌는지 알 수 없다. 그녀는 만사를 아주 세심하게 계획하고 관리했다.

문제는 실직에서 끝나지 않는다. 버나드는 물론 그가 관리한 재정이 심각한 상황에 봉착한다. 그의 일자리가 사라지고 두 사람의 투자금도 물거품이 된다. 버나드는 완전히 충격에 빠져 이 손실에 침착하게 대처할 엄두를 못 낸다. 그는 샬럿을 탓한다. 몇 년 동안이나 그녀 뒤치다꺼리를 할 필요가 없었다면 지금쯤 카리브 해에서 아무 걱정 없이 행복하게 독신 생활을 만끽하고 있었을 것이라고 항변한다. 그는 술에 절어서 살고 잘 씻지도 않는다. 그는 이제 샬럿이 예전에 알았던 남자가 아니다.

두 사람은 주택 임대료조차 내지 못한다. 두 사람의 저축과 수입이 날아갔다. 심지어 자동차 할부금도 못 낼 지경이다. 정보만 제대로 확보했다면, 믿었던 대로 주가가 계속 상승하기만 했다면, 두 사람이 몸담고 있던 첨단 기술 틈새시장이 불안정하지 않았더라면 그들에게는 별 문제가 없었을 것이다. 두 사람이 예상 수입을 조금만 적게 잡았더라면 그렇게 도에 넘치게 지출하지도 않았을 것이다. 두 사람이 경력에 너무 초점을 맞추지만 않았더라면 그들의 관계가 성숙하게 발전해서 처음 봉착한 이 역경에서 서로 지탱해줄 수 있었을 것이다.

그러나 이제 와서 후회해봤자 너무 늦었다. 너무 많은 것을 잃어버렸다. 그리고 두 사람 사이에 애정이 거의 남아 있지 않았다. 버나드는 스키장에서 직업을 구하려고 서부로 떠난다. 샬럿은 부모와 살려고 고향으로 조용히 돌아온다. 두 사람 모두 과거 경력을 되살릴 수 있으리라고는 기대하지 않는다.

모든 상황을 종합해보면 부모 집에서 사는 것은 두려워했던 대로 창피하기 짝이 없다. 그렇게 많은 노력을 기울여 일에 매달렸는데도 주변에 보여줄 성과가 하나도 남지 않았다. 얼굴에 새로 늘어난 주름살과 아직 갚지 못한 융자금을 제외하면 말이다. 그녀가 갖춘 기술과 자질은 이제 과거와 같은 시장 가치가 없다. 그녀의 유용성이 줄어들었다. 상황을 진전할 방법을 강구할 수 있는 좋은 정보를 확보하지 못했다. 그렇긴 하지만 그녀는 지금도, 앞으로도 유용성 극대화주의자다. 그러니 자신이 갖춘 기술과 자질에 맞는 정보를 날마다 자연스럽게 입수해 해당 상황을 최대한 이용하도록 그 정보를 활용하게 될 것이다.

2002년
가장 높은 유용성을 이끌어내다

어느 날 샬럿은 집에 들어와서 살게 해준 아버지에게 고마운 마음을 표현하려고 쓰레기를 내다버리기로 한다. 마침 그때 부모님을 만나러 차를 몰고 가던 밀턴이 무거운 쓰레기통을 낑낑거리며 내놓는 샬럿 옆을 지나칠 것이라고 누가 상상이나 했겠는가? 물론 밀턴은 기회를 놓치지 않고 차를 멈춰서 샬럿의 심기를 건드리는 소리를 몇 마디 던진다. 과거 두 사람의 관계가 벌어지던 시기에 샬럿이 자신에게 다소 부당하게 대했다고 여겼기 때문이다. 그렇긴 하지만 밀턴은 자기 삶에 만족하며 그녀가 받아 마땅한 벌을 주는 대신 옛 우정을 되살리면 즐거운 일이 많이 생기겠다고 생각한다. 그래서 금요일에 피클드 펍에서 가족과 친구와 저녁식사를 하기로 한 자리에 샬럿을 초대하기로 마음먹는다.

밀턴과 샬럿은 둘이 사귀는 것에서 더 유용성을 극대화할 수 없는 시점에서 서로 헤어졌다는 점을 명심하기 바란다. 샬럿이 더 높은 유용성을 얻을 수 있다고 믿고 선택한 길은 공부와 인맥에서 파생됐다. 반면에 밀턴은 파티를 즐기는 것과 마침내 고향에 돌아와서 일하는 것에서 가장 높은 유용성을 이끌어냈다. 그러나 세상은 변하기 마련이다. 지금은 밀턴의 상황이 우세한 것 같긴 하지만 그는 여러 경험을 공유할 일정한 연인이 없는 아쉬움을 절감하고 있다. 두 사람 모두 가정을 꾸리고 싶은 마음이 간절하다.

사탕과 꽃이 로맨스의 전부가 아니다

이 정도 되면 딱 로맨스 영화에나 나올 법한 고풍스럽고 멋진 이야기로 여겨질 것이다. 그러나 물밑에서 무의식적으로 진행되는 까다로운 계산을 생각해보면 단순히 사탕과 꽃이 등장하는 로맨스 스토리가 아니다. 예를 들어 샬럿은 과거 몇 년 동안 봉급을 많이 받았기 때문에 당시에는 일을 줄이고 아이를 낳아서 생길 유용성보다 직장에서 보내는 시간이 훨씬 더 가치가 있었다는 계산이 나온다. 그러나 그녀가 속했던 업계가 흔들리는 판국이라서 직장에서의 시간이 훨씬 가치가 없어졌으므로 출산에서 파생되는 유용성이 현재 내릴 수 있는 다른 선택의 유용성보다 훨씬 크다.

밀턴으로서는 아내와 자녀를 부양하는 한계비용이 상당히 작다. 어차피 집에 들어가는 돈은 고정돼 있는데다가 집에 안 쓰는 방이 많으므로 가족이 늘어나더라도 추가 경비가 거의 생기지 않는다. 또 그의 계산에 따르면 아내와 자녀가 생겨도 수입에 별다른 영향이 없다. 늘어난 가족에게 들어갈 식품비야 밀턴이 주중에 밤마다 피클드 펍에서 놀면서 쓰는 돈을 줄이면 충분히 벌충될 것이다. 이런 계산에 비추어 보면 샬럿과 밀턴이 관계를 다시 시작하는 것이 유리하다. 경제생태계의 법칙과 유용성 극대화 원리를 생각해보면 쉽게 도출되는 결론대로 얼마 지나지 않아 결혼행진곡이 울려 퍼질 것이다!

이들의 결혼생활이 행복하게 끝날까? 글쎄, 그거야 딱 잘라 말하기가 힘들다. 그래도 밀턴과 샬럿이 계속 유용성 극대화를 목표로 살아가리라는 점만은 확실하다. 앞으로도 두 사람의 삶은 직장 생활과 여가 생활이 혼합된 형태일 것이다. 그리고 두 사람은 삶의 방향을 결정할 때면 항상 정보를 이용할 것이다. 그리고 다들 아는 대로 두 사람이 내놓는 생산물의 질은 각자의 기술과 정보의 질에 달려 있다.

이 책의 목적을 생각하면 이 부부의 현재 생활을 더 상세하게 다룰 필요가 없다. 그러나 한 가지만 귀띔하고 넘어가면, 밀턴과 샬럿은 현재도 함께 행복한 가정을 꾸리고 있다. 물론 두 사람은 과거의 경험과 비슷한 기복을 여러 차례 겪었다. 예를 들어 샬럿이 투자은행의 간부와 홍보 회사 경영진으로 보낸 세월은 2001년에 그녀가 예상한 것처럼 그리 가치가 없지는 않았다. 샬럿은 자녀들이 어느 정도 자라자 밀턴이 운영하는 회사에 동업자로 합류했다. 그녀는 과거 경험을 되살려 회사의 재정 상태를 대폭 좋게 만들었으며 시장점유율을 높였다. 건설 작업이 많이 늘어 일부 작업을 하청업자들에게 맡길 정도였다. 게다가 샬럿은 밀턴의 회사를 재정비하는 동시에 적당한 수수료로 다른 회사의 운영을 개선해주는 작은 컨설턴트사를 차렸다. 물론 이번에는 첨단 기술 산업에만 의존했던 이전의 실수를 반복하지 않고 다양한 업계에서 고객을 확보하려고 노력했다.

더군다나 몇 년 뒤 주택 시장에 위기가 닥쳐 밀턴의 회사가 심각한 타격을 받은 시기에 마침 첨단 기술 업계가 회생한 덕에 샬럿은 과거에 밀턴이 베풀었던 친절에 보답할 수 있었다. 샬럿에게 부수입이 생긴데다가 두 사람의 관계가 성숙해지면서 상대방에 대한 공감대가 커진 덕에 밀턴은 사업이 어려운 상황에서도 큰 충격 없이 잘 견뎠다.

게다가 버나드마저 마침내 정신을 차렸다. 버나드는 스키 강사로 일하면서 몇 년 동안 스트레스를 안 받고 살다보니 중압감에서 벗어났고 감정적으로 더욱 성숙해졌다. 경기가 회복되면서 그는 투자 은행가로 재기했다. 그가 선택한 업계는 이후 경기침체가 찾아오면 또다시 심각한 변동이 일어날 염려가 있지만 한 분야에 집중하지 않고 다각화해야 한다는 사실을 과거 경험에서 뼈저리게 깨달은 터라 앞으로는 환경의 영향을 덜 받을 것이다. 이제 그의 정보의 질이 훨씬 향상됐다.

밀턴과 샬럿과 버나드 그리고 당신과 나를 비롯한 모든 사람은 날마다 결정을 내린다. 이 중 많은 결정이 직업이나 돈이나 투자와 직접 관련이 없다. 그렇더라도 이는 모두 경제적인 결정이다. 경제는 인간의 수명에서 품어져 나온다. 그러므로 살면서 필요한 소비와 관련된 모든 결정은 경제적 결정이다. 카메라를 보고 웃을 것인가 아니면 슈퍼마켓에서 울며불며 난리칠 것인가? 공부할 것인가 아니면 파티에 갈 것인가? 결혼할 것인가 아니면 독신으로 남을 것인가? 투자 은행가가 될 것인가 아니면 스키 강사가 될 것인가? 샐러드를 주문할 것인가 아니면 피자를 주문할 것인가? 이는 모두 입수할 수 있는 정보를 참고해서 경제생태계의 법칙에 따라 내리는 경제적 결정이다. 그리고 이런 결정의 목적은 항상 유용성 극대화다. 새 직장을 찾아야 하는가? 새 도시로 이사 가야 하는가? 아이를 낳아야 하는가? 이런 결정은 선호도, 관련 비용과 이익, 기술과 능력, 입수할 수 있는 정보에 달려 있다. 앞서 말한 두 변수는 대체로 고정돼 있다. 나머지 두 변수는 향상될 수 있다. 그러니 결과물을 향상시키기 위해 노력해야 할 부분은 바로 이 두 변수(기술과 능력, 정보)다.

우리는 항상 자신과 주변 상황을 개선하려고 노력한다. 때로 동년배에게 뒤처지지 않으려고 애쓰는 것도 여기에 속한다. 다음에서는 이 주제를 다룬다.

4

왜 내 파이 조각이
남의 것보다 작은가

경제의 주요 연료는 불평등

경제생태계에서 불평등은 불만의 근원이자 야망의 근원이다. 요점으로 바로 들어가 보자. 우리는 불만의 근원으로 뛰어들어야 한다. 왜 옆집에 사는 스미스 가족은 모든 것을 다 가지고 있는가? 그 집 사람들은 월급을 더 많이 받는다. 살림살이도 더 많다. 집이 더 크고 자동차가 더 좋다. 게다가 해수 실내수영장에서 어찌나 많은 시간을 보내는지 항상 손가락이 쪼글쪼글하다(더군다나 물에 들어가서 수영하지도 않는다. 이 게으른 작자들은 그저 물가에서 둥둥 떠다닐 뿐이다!). 세상에 불평등이 범람하는 것만은 확실하다.

'우리의 정당한 몫을 돌려 달라! 심각한 부정이 벌어졌다! 장담컨대 스미스 가족은 그런 부를 누릴 자격이 없다. 수영장은 그 사람들 것이 아니라 우리 것이다.'

이런 주장은 상당히 터무니없다. 게다가 세상 사람들은 날마다 수많은 불평등을 목격하며 사는지라 대충 넘어가려고 애쓴다. 아무리 그렇더라도 불평등을 마음 편하게 인정하기는 절대로 불가능하다. 그리고 경제생태계의 주요 연료가 불평등(모든 사람을 다 책임질 필요가 없이 자신만을 위해 노력하고 출세해도 될 가능성)이라는 점을 감안하면 불평등이 그리 나쁜 게 아닐 수도 있다.

상황에 따라서 상대방이 불평등한 혜택을 받는 이유는 위험 부담을 많이 감수하거나 머리가 좋거나 운이 좋거나 나은 교육을 받았기 때문이라고 여길 수도 있다. 어쩌면 스미스 가족은 그저 엄청나게 많은 돈을 상속받았는지도 모른다. 재수 좋은 인간들 같으니라고! 여하튼 모든 사람은 불공평을 목격하며 살아가고 누가 부자가 될 자격이 있고 누가 그렇지 않은지 나름대로 가치 판단을 적용한다.

예를 들어 일반적으로 우리는 아주 유용한 제품과 서비스를 창출하고 이런 혁신의 원천에 과감하게 투자하는 사람들을 좋아하는 경향이 있다. 다들 맥도날드 창업자 레이 크록(Ray Kroc)이나 애플 창업자 스티브 잡스(Steve Jobs)는 그들이 벌어들인 모든 부를 누릴 자격이 있다고 결론내릴 것이다. 적어도 이 책을 여기까지 읽은 독자들은 모두 같은 생각을 할 것이다. 그렇다면 일반적인 CEO 월급은 어떻게 생각하는가? 정치인이나 변호사의 월급은 어떤가? 상속되는 부를 어떻게 생각하는가? 스티브 잡스와 패리스 힐튼(Paris Hilton)이 각자 가진 재산을 누릴 자격이 동등하다고 여기는가?

일단 '자격이 있다'는 가치관이 개입된 단어이므로 이 말은 배제해보자. 이른바 '상류 인사들' 중에서 좋아하거나 싫어하는 유명인이 있을 것이다. 그들 한 사람 한 사람의 부의 원천을 거론하며 '그 부가 발생한 이유와 지점'을 생각해보자. 그 부가 사회 규칙 내에서 (즉 법률을 어기지 않고) 창출됐다면 누구도 그들의 자격을 논할 권리가 없다. 차라리 한 걸음 물러나서 부(광범위하게 말해서 유용성)가 어디에서 왔는지 생각해보고 그 지식을 이용해서 자신의 유용성을 극대화하는 편이 낫다. 결국 이 점이 이 책에서 설명하는 철학의 요지다.

우리는 경제 작용을 더욱 명료하게 보고 제대로 인식해야 한다. 그리고 나서 경제의 장려책을 잘 활용해 자신의 생산성을 높이고 노력의 대가로 보상을 더 많이 받을 수 있는 방향을 설정해서 활동해야 한다.

이 장에서는 부의 기원과 이를 획득하도록 도와주는 장려책을 살펴본다. 부의 획득에 실패하거나 뒤처지는 사람이 있는가 하면 성공하는 사람이 있는 이유를 알아본다. 또 경제 전반에서 불평등을 영구화하거나 최소화하는 국가 기능을 검토해본다. 그리고 불평등을 최소화하기 위해 국가가 마땅히 기울이는 노력에서 필수적인 구조(적어도 국가가 이를 바람직한 목표로 여긴다고 가정할 때)에 주목해본다.

이 장에서 무엇보다 강조하고 싶은 개념은 누군가 부를 획득한다고 해서 다른 사람이 그만큼 피해를 보는 것이 아니라는 점이다. 누군가는 일 년에 수십만 달러를 벌어들이는 반면, 다른 누군가는 수만 달러를 벌기도 버거울 수 있다. 그러나 돈을 벌게 해주는 원료

는 공유나 분배가 되지 않으며, 오히려 사람에 따라 이런 원료의 양
상이 독특하고 각자 수명과 타고난 능력에 따라 달라진다.

유용성을
측정하는 척도

성공의 분명한 척도로 부를 거론하는 경향이 있지만 인간이 극대화하려는 목표가 부 자체는 아니다. 인간은 유용성 극대화주의자다. 유용성이라는 경제 용어가 잘 이해되지 않으면 이를 행복이나 즐거움과 같은 말로 대체해 생각하면 된다. 누구나 행복을 극대화하고 싶어 한다. 해변 휴양지에 누워 한가로이 아시아 음식을 먹으며 지내는 것이 행복인 사람이 있다. 어려움에 처한 이웃을 돕는 것이 행복인 사람도 있다. 대저택과 바다가재 요리와 요트가 행복이라고 여기는 사람도 있다. 모두 다 그럴 듯한 생각이다. 흔히 돈은 유용성의 훌륭한 대용물이라고 생각되지만 이는 필요하고 가치 있는 많은 제품과 서비스와 돈을 맞바꿀 수 있기 때문일 뿐이다.

모아놓은 돈이 있으면 오랫동안 꿈꾸어온 대로 따뜻한 해변에 가서 몇 년 동안 여유 있게 즐길 수 있을 것이다. 돈은 가치 저장고이며 누적된 노동의 값어치를 계산한 것이다. 이는 우리가 생산해서 다른 사람과 교환하는 가치다. 그렇게 보면 종종 돈은 우리의 유용성을 측정하는 편리한 척도다. 인간의 삶은 대부분 타인과 교환을 바탕으로 하며 돈은 이 과정을 빠르고 편리하게 만드는 중간 매체다.

희소식은 당신이 이미 유용성을 극대화하려고 노력한다는 것이다. 유용성 극대화는 숨을 쉬는 것과 마찬가지다. 모든 사람이 선천적으로 이 특성을 타고난다.

그리고 물론 좋지 않은 소식도 있다. 당신이 투자한 시간과 노동의 대가로 받은 가치가 적다고 항의할 수 있는 대상의 수가 한정돼 있다는 점이다. 당신의 상황에서 수익의 증가나 하락을 실제로 결정하는 존재는 당신 자신뿐이다. 수익이 줄었다고 해서 CEO나 변호사나 패리스 힐튼을 탓할 수는 없다.

제로섬 게임은
벌어지지 않는다

불평등은 사실상 좋은 것이다. 잠시 시간을 내서 경제 장려책을 곰곰이 생각해본 적이 없는 사람이라면 이 전제에 기분이 나쁘겠지만 그런 생각을 극복해야 한다. 세상을 경쟁, 즉 제로섬 게임(누군가 이익을 얻으면 다른 사람이 그만큼 손실을 입는 상호작용)으로 보는 사람은 꼭 승자와 패자가 있어야 한다고 지적할 것이다. 그러나 이득과 손실의 합이 0이고 승자가 모든 부를 독차지하는 경쟁이 경제라는 개념은 완전히 거짓이다. 경제에는 수없이 많은 승자를 수용할 공간이 넘쳐난다. 예를 들어 잠깐만 주변을 살펴봐도 거의 승자들만 보일 것이다. 물론 냉소적인 사람들의 눈에는 패자만 보이겠지만 내게는 승자들이 보인다.

밤잠을 설치게 만드는 갖가지 걱정을 떠올려보자. 해고되면 어떻게 하지? 주택 융자금을 낼 형편이 안 되면 어떻게 한담? 누가 날 필요로 할까? 어떻게 해야 대학을 갓 졸업하여 돈에 굶주린 젊은 친구들과 경쟁할 수 있나? 어떻게 해야 나보다 경험이 많은 경력자와 경쟁할 수 있을까? 어떻게 해야 돈 많고 일류 대학을 나온 사람들과 맞서서 경쟁할 수 있을까? 일자리 하나에 지원자가 1만 명이나 된다니 기가 막힌다!

경험에 따르면 이런 걱정거리는 완전히 정신을 잃게 만든다. 그렇다고 전적으로 나쁜 것만도 아니다. 자신을 더 돌아보고 전념하는 계기가 되기 때문이다. 그러나 이런 걱정을 하느라고 건강과 행복까지 손상시키는 사람들은 차라리 여행을 떠나보라고 제안하고 싶다. 사실 꼭 살고 있는 지역을 벗어날 필요도 없다. 그저 차를 타고 주변을 슬슬 돌아보자. 시내를 걸어 다니면서 사무용 빌딩들을 한 번씩 올려다보면 더 좋다. 불이 켜진 수많은 유리창을 보게 될 것이다. 1층에는 각종 소매상점이 있고 주변에는 주거 단지가 있을 것이다. 날마다 셀 수 없이 많은 직장인이 어디에선가 업무를 보고 밤이 되면 각자 집(주택 또는 아파트)으로 돌아간다. 집에는 각기 형태와 규모가 다른 가족이 다행히 굶주리거나 쫓겨나지 않고 살고 있다.

이는 세상을 살아가는 사람들의 보편적인 모습이다. 누가 모두에게 이득이 돌아가는 시나리오는 없다고 말하는가! 물론 노숙자와 가난한 사람도 있다. 주요 도시에 가보면 길모퉁이를 돌 때마다 거지를 만난다.

그러나 대다수 사람들이 맡은 일을 하면서 그럭저럭 살아간다!

그리고 거지에 대해 한마디 하면, 나는 매일 같은 길을 지나다니는데 이들이 긴 세월 한결같이 한 자리를 차지하고 있는 모습에 종종 감탄한다. 그렇다고 해서 내가 그들이 시간을 더 알차게 보낼 다른 일거리를 찾아볼 필요가 없다고 생각하는 것은 아니다. 그저 구걸이라는 천직에 전념하는 의지만은 인정할 만하다는 뜻이다. 일부 거지는 내가 아는 소위 훌륭한 시민들보다 훨씬 더 정시에 '직장'에 출근한다.

이쯤에서 각종 회사가 들어서 있는 건물 이야기로 돌아가 보자. 그 많은 사무실에서 사람들은 무엇을 할까? 돈은 어디에서 나올까? 사람들이 무엇을 하는가 하는 질문에 답하는 것은 거의 무의미하다. 도대체 누가 그들이 하는 일에 신경이나 쓰겠는가? 그저 그들이 여가 시간을 생산 시간과 교환해 소득을 창출한다는 점만 이해하면 된다. 그들은 이렇게 얻은 소득으로 가치가 동등한 제품과 서비스를 구입하고 저축할 것이다.

이 모든 사람은 자신의 유용성을 극대화하려는 동시에 생산성을 최대로 발휘하려고 노력한다. 디들 각자 지식 범위 내에서 동기를 부여받고 나름대로 정보를 사용하며 행복을 극대화하려면 여가 시간 중 어느 정도를 노동 시간에 써야 하는지 결정해야 한다. 이것이 사람들이 살아가는 실상이다.

이런 정황으로 볼 때 제로섬이라는 개념이 도대체 무슨 타당성이 있는가? 이 방정식의 균형을 맞추려 할 때 또는 '파이'를 여러 조각으로 자르려 할 때 누군가 이기면 다른 사람의 파이 조각 크기가 줄어든다는 논리가 도대체 어떻게 성립하는가? 어쩌면 어느 교재에 실린 한 방정식의 변수로 스미스 씨 부부에게 추가 수입이 생기면 다른 사람들에게 갈 돈이 1달러씩 줄어든다는 설명이 나와 있을지도 모를 일이다. 터놓고 말해서 실제로 그런 교재가 있다면 인쇄하는 데 사용한 종이값도 못하는 책이다.

2장 '경제는 어디에서 오는가?'에서 설명한 대로 경제생태계의 크기는 고정돼 있지 않다. 이론상으로 가능한 경제생태계의 최대 크기가 특정한 시기에는 고정될 수도 있지만, 적어도 경제생태계는 우리가 상상할 수도 없을 만큼 커질 수 있다. 생산성과 부를 장기간 증가시킬 수 있다는 점에서 부분적으로 입증되듯이 우리는 인식하는 것보다 훨씬 능력이 많다. 그리고 아직은 한계수익의 감소(예를 들어 노동력을 더 투입하더라도 이전보다 생산량이 적어지는 상황–옮긴이) 지점에서 한참 멀리 떨어져 있는 듯하다. 더구나 계속되는 정보 문제, 즉 올바른 결정을 정확하게 내리고 가장 생산적인 업무에 힘을 투입하기 위해 필요한 모든 내용을 알지 못하는 문제를 해결하자면 갈 길이 멀다.

우리가 잠재적인 최고 총생산량을 제대로 인식하지 못하는 근본적인 이유는 정보가 불완전하기 때문이다. 나는 아주 심각한 정보 문제를 안고 있고 자신들의 잠재력 이하로 활동하는 사람들을 최소한 열댓 명은 안다(나는 배짱이 부족해서 이런 평가를 아직 그들에게 직접 말하지 못했다. 그러니 제발 그들이 이 부분을 읽지 않기를 바란다). 어쨌거나 말하려는 요점은 경제는 크기가 고정된 파이가 아니라는 것이다.

그러면 정보 문제를 살펴보자. 많은 사람이 겪는 정보 문제 중 대부분은 자신들이 힘들게 일하는 터전인 경제생태계를 이해하지 못하거나 보지 못하며 시장에서 가치를 창출하는 방법이나 유용성을 극대화하도록 방향을 설정하는 방법을 헤아릴 수 없다는 것이다. 물론 경제생태계에 대한 지식이 있다고 회사가 회계장부를 조작할지 또는 구매하려는 주택이 여러 매물 중에서 가장 적절한지를 예견할 수는 없다. 그러나 경제생태계에 대한 지식이 있으면 각자 선택할 수 있는 여러 사항 중에서 최고를 골라내기 위해 필요한 정보가 무엇인지 판단할 수 있다.

우리집에는
왜 수영장이 없는가

총생산량이나 부나 행복(또는 당신이 선호하는 다른 중요한 기준)을 개인이라는 측면에서 생각해보자. 앞에 나온 여러 장에서 언급했듯이 경제생태계의 크기는 모든 사람 하나하나가 내린 결정을 바탕으로 해서 정해진다.

이웃 사람의 집에 수영장이 있는 것은 당신 집에 수영장이 없는 것과 전혀 상관이 없다. 설사 스미스 씨 집에 수영장과 거품 노천탕과 사우나가(어쩌면 야외용 컨벡션 오븐까지도) 있다 한들 당신에게 경제적인 피해를 전혀 끼치지 않는다! 그저 그 사람들이 잘살기를 기원해주고 당신의 생산성을 높일 수 있는 방법을 알아내려고 노력하길 바란다.

게다가 스미스 씨 부부가 아침마다 신문을 사는 길모퉁이 가판대의 사내에게 거스름돈을 거저 주긴 하지만, 이 가족이 그 사내보다 더 행복하다는 증거도 없다. 입수할 수 있는 정보를 참고하고 각자 독특한 선호도와 능력에 따라 내린 결정만이 있을 뿐이다. 그러니 스미스 가족의 행복을 기뻐해주고 담장 너머로 쏘아보는 짓을 그만두기 바란다. 당신이 다정하게 굴면 언젠가 그 사람들이 바비큐 파티에 초대할지도 모를 일 아닌가!

그러나 다정하게 군다고 해서 스미스 가족의 많은 재산 때문에 생긴 당신의 불안함을 완전하게 진정시키지는 못할 것이다. 그러니 스미스 가족이 활용했을 방법을 자세히 살펴보자. 부자 되는 방법이 그리 다르지 않다는 사실을 발견하게 될 것이다.

상속받은 재산을 어떻게 생각할 것인가

부자가 되는 여러 경로 중 가장 논란이 많은 경로는 타고난다는 것이다. 축적된 재산이 많은 집에서 태어나 남보다 유리하게 출발하는 사람을 보면 그냥 짜증난다. 정말 불공평하지 않은가? 글쎄, 나 역시 다른 사람들처럼 시기심이 생기긴 하지만 부잣집에 태어났다고 해서 딱히 불공평하다고 말할 수야 없다.

결국 상속받은 재산이 무엇이란 말인가? 상속받은 재산은 이전 세대의 노동력이 저장된 결과일 뿐이다. 당신의 할아버지 래리 (Larry)는 평생 동안 일했고 검소하게 생활하면서 현명하게 투자한 터라 돌아가실 때 저금을 많이 남겼다. 그리고 당신이 운이 좋아서 이 중 일부를 물려받았다고 해보자. 여기에 무슨 문제가 있는가? 래리 할아버지가 열심히 일한 대가 중 일부를 받았다고 해서 다른 사람이 당신을 시기할 이유가 도대체 뭐가 있는가? 알고 보니 래리 할아버지는 여가 시간을 필요 이상으로 줄여 일에 쏟아 부었다. 그래서 자신이 번 돈을 쓰지도 못하고 남보다 빨리 저 세상으로 떠났다. 어리석은 래리! 그는 일하는 시간을 줄이고 해변에서 시간을 더 많이 보냈어야 했다.

그렇지만 래리가 그렇게 어리석지만 않았을 수도 있다. 어쨌든 래리는 자신이 얼마나 살지 몰랐다. 그러니 결과가 불확실한 상황에서 위험 요소를 최대한 줄일 수 있는 방식으로 행동했을 것이다. 그는 모아놓은 두둑한 저금 덕분에 생전에 걱정 없이 편히 잤을 것이다. 그가 너무 열심히 일하고 아주 많이 저축하고 삶의 여유를 자주 즐기지 않은 또 다른 이유가 있을 수도 있다. 눈에 넣어도 안 아픈 사람, 즉 손자인 당신에게 무엇인가 물려주고 싶었던 것이다.

당신은 래리의 노동 잔재 중 일부를 상속받았다. 그리고 여기에 뭔가 잘못이 있다면, 믿거나 말거나 이는 순전히 공공 정책 문제다. 증여세와 상속세가 존재하는 목적은 국가가 래리 할아버지가 남긴 노동의 잔재 중 일부를 거둬들여 다른 사람에게 재분배하려는 것이다. 래리가 생전에 알지도 못하던 사람이나 심지어 싫어한 사람에게 말이다! 상속세를 정당하다고 주장하는 근거는 누군가 일생 동안 벌어서 축적하면 그만큼 다른 사람이 손해를 본다는 것이다. 그러나 이 개념은 내가 생각하는 기본적 경제 이론에 위배되는데다가 이 책의 기본 내용과도 분명히 상반된다.

흥미롭게도 국가가 배당금과 이자와 양도 소득에 세금을 부과하는 전통은 사실상 어마어마한 부자들이 더 부자가 될수록 생산성을 떨어뜨리는 장려책을 창출한다. 저축을 하는 추가 달러당 수익이 이미 줄어들었지만(곧이어 설명할 개념), 저축과 투자에 높은 이율로 세금을 부과함으로써 이런 자연 현상을 악화시킨다. 래리는 그가 평생 일해서 남긴 저축이 조롱거리가 되고 상속자가 돈을 부당하게 얻었다고 여겨질 것이라는 사실을 몰랐음에 틀림없다. 그가 이런 사실을 알기만 했더라도 노후를 맞아서 일을 줄이고 소비를 늘렸을 것이다. 물론 래리가 직장에서 힘들게 일하는 대신 해변에 누워 즐겼다면 사회 전체의 부의 총계가 줄었겠지만 어찌 감히 내가 세금 정책을 기획하는 현명한 분들에게 의문을 제기하겠는가?

어쨌든 사람들이 구식 방법으로(즉 상속을 받아서) 돈이 생긴 부자를 볼 때 진짜 짜증스러워하는 점은 불공평하게도 이들이 처음부터 유리한 지점에서 시작했다는 사실이다! 이는 상속받은 재산이 명백하게 부정적인 효과를 미친다고 주장하는 사람들이 드는 근거 중에서 가장 흥미롭다.

경험에서 얻은 교훈 하나를 말하면(그리고 이제부터는 이 이론적 설명을 따를 것이다), 어린이에게 돈을 주는 것이야말로 그 어린이의 생산성을 떨어뜨리는 가장 좋은 방법이다. 지인 중에는 상당히 많은 돈을 상속받은 사람도 있고 그렇지 못한 사람도 있다. 장담하건대 이들 사이에는 차이점이 있다. 누구나 살다보면 망나니로 전락할 수 있다. 그러나 제대로 엉망이 된 망나니로 떠들썩하게 전락하자면 돈이 필요하다!

주위에는 보기 드문 얼간이 상속자들만 있다고 생각하는 사람도 있을 것이다. 그러나 내 경험은 지극히 일반적이다. 이는 그저 경제의 기본 법칙이다. 이를 한계수익(한계수익은 생산 과정 중 일정한 부분에 한 요소를 더 투입했을 때 다른 모든 부분에서 증가하거나 감소하는 수익을 말함-옮긴이) 감소의 법칙이라고 한다. 다시 말하면 이는 1달러씩 계속 새로 추가할 때 발생하는 추가 행복이 그전보다 낮은 상태다. 이렇게 되면 우리는 추가하는 각 1달러와 교환하는 여가 시간의 추가분을 그전보다 줄인다.

이미 돈이 많은 사람(즉 재산이 엄청나고 저축과 투자를 상당히 한 사람)은 은행에 저축해놓은 돈이 훨씬 적은 사람과 비교해볼 때 생산 시간보다 여가 시간을 더 늘리려 할 것이다. 그러니 앞서 생각해본 불공평한 혜택을 타고난 부유한 어린이를 다시 예로 들면, 이런 어린이는 신나게 즐기거나 해마다 티베트로 스노보드 여행을 떠나거나 테니스를 잘 치려고 쏟는 노력에 비해 시장 활동에 쏟는 노력이 적을 것이다. 이런 어린이는 행복하지만 상속받은 돈 때문에 (상속을 받지 않았을 때 생산할 수 있었을 양보다) 결국 한계 부를 덜 생산하게 된다.

상속받은 돈이 많은 사람을 두려워할 필요가 없다. 내키는 대로 마음껏 시기하자. 참고로, 모아둔 돈이 적기 때문에 열심히 일해서 성공해야겠다는 열의에 불타는 사람과 경쟁하게 되면 부잣집 도련님의 운이 좋은 환경은 오히려 자신에게 상당히 불리한 점으로 작

용한다. 당신도 앞으로 경쟁하게 될 사람 중에 재능이 있고 가난한
젊은이가 있을 때를 대비해 이들과 경쟁해서 살아남도록 실력과 전
략을 향상할 계획을 세워두는 편이 좋을 것이다.

직접 벌어들인 재산은?

재능이 있고 가난한 사람을 두려워할 필요는 없다. 그러나 이런
사람들이 생산성 면에서는 성과를 가장 높이 올린다는 점을 염두에
뒤야 한다. 이런 까닭에 이들의 봉급 인상률이 가장 높다. 그리고 여
기에는 타당한 이유가 있다.

첫째, 내가 '재능'이라는 단어를 '가난'이라는 단어보다 앞에 썼
다는 점에 주목하기 바란다. 재능은 시장에서 훌륭한 가치다. 결국
기량이 부족하고 가난한 사람에게 경쟁심이나 시기심을 느낄 사람
은 없다. 사실 가난한 상태는 재능에 기여하는 요소인 듯하다.

여기에서 말하는 재능은 다른 사람이 인정하는 능력이며, 이런
인정 덕분에 재능이 있는 사람은 시간을 들여 생산한 제품과 서비
스를 교환할 수 있다. 제품과 서비스, 즉 생산물의 가치는 다른 시장
참여자가 이와 맞바꾸고자 하는 노동과 저장된 노동의 총액으로 정
해진다. 일반적으로 재능이 많을수록 생산물의 가치가 높다고 여겨
진다.

간단한 예를 들면 프로 농구선수 르브론 제임스(LeBron James)는
농구하면서 내 재산보다 훨씬 많은 돈(다른 사람의 저장된 노동)을 벌었

다. 이는 그의 재능의 결과이며, 이 덕분에 농구하는 시간을 다른 사람이 저장한 노동의 (지나치게 많은) 총액과 바꿀 수 있다. 한편 나는 농구하면서 돈을 벌어본 적이 전혀 없다. 내가 농구하는 모습을 보는 대가로 자신들의 시간과 능력을 맞바꿀 사람이 아무도 없기 때문이다. 슬프지만 사실이다. 나는 단지 스스로 즐거움을 보상으로 삼아서 돈을 받지 않고 농구할 수밖에 없다. 농구가 르브론 제임스에게는 시장의 생산 시간인 반면 내게는 여가 시간이어야 한다.

가치가 아주 높은 제품과 서비스를 생산할 수 있는 능력에 가난함이 결합되면 교환된 여가 시간이 한 단위씩 추가될 때마다 한계 수익이 거의 최고에 달할 것이다. 또 이런 교환에서 가난이 재능만큼 중요한 변수라는 점에 주목해야 한다. 이미 상당한 부를 축적한 재능이 있는 사람은 조기에 은퇴하거나 보수가 적더라도 재미있는 직업으로 이직할지도 모른다.

예를 들어 여관 주인의 시간과 능력을 시장에서 최대한 활용하기에 적절한 침실 수와 아침식사 주문 수는 몇 개나 될까? 카페와 골동품 가게와 화랑에도 마찬가지 의문이 든다. 세상은 이 모든 것이 있기에 훨씬 살기 좋다. 그저 나는 이런 가게 주인들이 다음 끼니를 해결할 돈을 벌 걱정에 너무 집중하다보면 과연 이 중 몇 개나 계속 영업하게 될지 항상 궁금하다.

우리가 시장에서 일하고 교환해서 거둬들이는 부에서 재능과 가난은 중요하고 결정적인 인자다. 이 둘은 부자가 되려는 의지이자 방법이다. 역설적이게도 부자들 때문에 세상이 불평등하다고 걱정하는 사람들의 감시망에는 정작 재능 있고 가난한 사람들이 걸리지 않는다. 가난이라는 요소 때문이다. 이들은 상당히 부자가 될 만큼 재능을 교환하고 난 뒤에야 가난한 상태에서 배가 부른 상태로 가는 지점에 다다르는 듯하다.

앞서 예로 든 이웃 스미스 가족의 예를 다시 들어보자. 이 가족은 굶주리지 않으며 따라서 현재 재산을 얻게 해준 원동력이 이제 없어졌을 것이다. 돈을 더 벌어들이려는 의지가 없다는 의미다. 그렇지만 당신은 그들 가족이 하루 종일 수영장에서 둥둥 떠다니며 유유자적하는 것을 볼 때마다 여전히 괴롭다.

그리 가난하지 않거나 그리 재능이 없는 사람들

그렇다면 대단한 재능이 없고 딱히 가난하지 않은 다른 사람들은 어떤가? 그냥 그렇게 살아가야 하는가? 세상은 부자, 야망과 재능을 갖춘 자, 그 밖에 나머지 사람으로 구성돼 있는가? 뉴스 기사가 유명인사와 엄청난 부자 이야기로 넘쳐나는 이유가 있나 보다. 적어도 여기저기에도 속하지 못한 나머지 사람들은 부자들의 삶이 어떤지 구경이나 해보고 싶어 할 테니 말이다.

나머지 사람들도 텔레비전 화면을 장식하는 유명인처럼 될 수 있다는 희망이 그들의 운명을 향상시키도록 북돋울 수 있을까? 그렇다. 이런 사람들을 둘러싼 모방 문화가 그런 동력이 되는 듯싶다. 자유 시장 경제의 핵심은 크게 성공을 거둘 기회를 잡으려고 노력하는 것이다. 그리고 다른 사람들이 가치가 상당한 노동과 교환하고자 하는 제품 또는 서비스를 시장 경제에 제공하도록 능력과 기술을 향상하는 것이 부를 창출하는 첫걸음이다.

현재 르브론 제임스나 저스틴 팀버레이크(Justin Timberlake)나 스티브 잡스를 롤 모델로 삼고 따라 하는 어린이들이 실제로는 부자가 되지 못할 수도 있다. 사실 일부 경우에는 완전히 반대 결과가 나올 수도 있다. 그렇다고 해서 이 점이 경제 체계에 폐단이 있다는 증거는 아니다. 오히려 이는 정보 문제를 잘 보여준다. 제품과 서비스와 아이디어를 자유롭게 거래하는 시장 자체는 거의 나무랄 데가 없다. 그러나 안타깝게도 정보의 질에 결함이 상당히 많아서 우리가 생산성을 제대로 발휘하지 못하게 된다.

완전한 시장, 불완전한 정보

경제생태계에서는 부자가 되기를 절실히 원하고 밤낮을 가리지 않고 일하더라도 모두 엄청나게 부자가 되지는 않는다. 여기에는 몇 가지 이유가 있다.

첫째, 전형적 문제는 정보다. 미시 경제의 문제(회사 파산과 개인의 빈곤)와 거시 경제의 주요 사대(경기침체와 시정 붕괴)를 일으키는 근본 원인은 정보다. 이쯤 되면 시장은 완전하지만 정보는 불완전하다는 점이 이해될 것이다.

르브론 제임스처럼 되고 싶어 하는 어린이가 있다고 해보자. 결국 평생 그 목표에 가까이 가지 못하리라는 사실이나 자신이 투자한 시간과 노력, 포기한 다른 기회에서 얻었을 기회비용을 보상받지 못하리라는 사실을 안다면 그 목표를 계속 추구할 수 없을 것이다. 그저 가난하고 미천한 동네 농구선수로 지내는 삶에서 엄청난 유용성을 얻어내지 않는 한 말이다. 상품을 대량 구입한 투자자는 그 상품의 수요가 하락될 것이라는 점을 미리 알기만 했어도 절대로 섣불리 결정하지 않았을 것이다. 소형 부품 제조업자가 제품의 시장 가격이 폭락할 것이라는 사실을 알았다면 팔리지도 않을 부품을 그리 많이 생산하지 않았을 것이다.

모든 사람은 유용성 극대화를 지향하므로 항상 최고 목표를 염두에 두고 행복과 평안을 극대화하려고 노력한다. 그러나 때로는 잘못된 정보 때문에 형편없는 선택을 하게 된다. 사람들이 다리에서 뛰어내려 자살하는 이유는 유용성을 극대화하기 위해 선택할 거리가 더는 없다고 생각하기 때문이다. 이들의 생각대로 선택할 게 하나도 안 남았을 수도 있지만 그게 아니라면 이들이 안고 있는 문제는 심각한 정보 문제다!

정보 문제는 목표를 달성하려는 많은 사람의 꿈을 일방적으로 무산시켜버린다. 이는 어쩔 수 없는 현실이다. 나는 특히 정보 기술의 발전과 현대식 데이터베이스 처리와 통계 기법과 더불어 정보가 끊임없이 향상된다고 생각한다. 게다가 우리는 교환 활동을 하면서 세상을 점차 하나의 시장으로 만들기 때문에 자기계발과 이익 증가를 위해 사용할 정보가 점점 많아지는데다 질도 높아진다. 그러므로 생산성이 향상된 부분적인 이유는 정보 문제를 해결하려는 노력 덕분이다.

그렇다면 정보 문제가 해결되었는가? 글쎄, 여전히 매일 드러나는 시장의 취약성을 감안하면 문제 해결 근처에도 가지 못했다는 편이 맞겠다!

정보 문제 이외에 사람들이 워런 버핏(Warren Buffet, 미국의 기업가이자 투자가. 2008년의 재산은 약 580억 달러로 세계 1위-옮긴이)같이 높은 지위에 오르지 못하게 막는 것은 무엇일까? 대개는 그저 그 같은 지위에 오를 능력이 없어서다. 내가 지금까지 만난 사람은 다들 나름대로 재능이 있었다. 그러나 모든 재능이 시장에서 가치가 동일한 것은 아니다. 이런 말을 하게 돼서 유감이다.

고등학교 동창 중에 저글링을 정말로, 아주 정말로 잘하는 친구가 있었다. 우리는 그 친구를 저글링 짐이라고 불렀다. 짐은 공과 굴렁쇠와 오자미를 비롯해 그야말로 거의 모든 물건으로 저글링을 할 수 있었다.

때로 짐은 저글링을 하다가 친구들 손에 들려 있는 물건을 아무 것이나 던져보라고 했다. 이를테면 오자미 여러 개로 저글링을 하다가 "저글링 짐한테 그 계산기를 던져봐"라고 말했다. 맞다. 짐은 자신을 3인칭으로 불렀다. 그래서 친구가 계산기를 던지면 오자미와 계산기를 번갈아 공중으로 던지며 묘기를 선보였다.

이 이야기를 들은 소감이 어떤가? 짐은 결국 생일잔치에서 흥을 돋우는 광대가 됐다. 내가 아는 한 그 친구는 가장 행복한 사람이며, 그의 유용성은 생일 파티에서 저글링을 하는 광대 생활을 하면서 완벽하게 극대화된다. 그가 보유한 정보와 능력을 감안해보면 그는 유용성을 극대화하려고 연기하는 게 틀림없다. 그러나 그는 스미스 가족처럼 해수 수영장에서 느긋하게 누워서 쉬지 않을 것이며 래리 할아버지처럼 상속으로 물려줄 부를 축적하지도 않을 것이다. 그는 그저 저글링을 하는 광대이며 …… 마지막으로 들은 바에 따라면 한 행사당 약 400달러를 받는다고 한다. 그는 행복하고 수입이 괜찮은 저글링을 하는 광대다.

광대, 악기점 직원, 재봉사, 식당 종업원, 제도사, 기계공, 회계사, 기차 승무원, 변호사, 영화 스타, 상원 의원. 사람들이 현재 직업을 갖게 되는 동기와 근원이 저마다 다른가? 전혀 그렇지 않다. 누구나 어느 시점에서 불안정한 정보와 사용이 가능한 자금과 출세에 도움이 될 자기 능력을 고려해 자신에게 제공된 제한된 기회 중에서 가장 가능성이 있는 일을 선택해서 정해진 동안 일한다.

사람에 따라서 그런 일이 저글링일 수도 하고 몇 십억 달러 규모의 세계적 대기업의 운영자일 수도 있다. 어떤 직업이 낫다고 말할 수는 없다. 그러나 이들이 시장에서 동일한 보상을 받으리라고는 기대하지 말자. 상황에 따라 시장은 한 직업의 생산량에 다른 직업의 생산량보다 더 높은 가치를 매길 것이다.

그렇지만 시간이 지나면서 개인의 목적을 향상할 멋진 기회가 생긴다. 하루 동안 접하게 될 현실성이 있는 선택 사항은 몇 개에 지나지 않을 것이다. 그러나 기간이 한 달 또는 일 년으로 길어지면 점점 많은 선택 사항이 변수가 된다. 저글링 짐이 일 년 안에 인생행로를 바꾸고 싶다면 직업을 바꾸는 방법이 있다. 2~3년을 목표로 계획한다면 다른 분야의 교육을 받으면 된다. 5년을 목표로 계획한다면 사람들이 그를 더는 저글링 짐이라고 부르지 않고 그저 짐 또는 탤벗(Talbot) 씨나 심지어 '선생님'이라고 부르게 될 지위에 오르게 될지도 모른다.

경제생태계에서 가치가 창출되는 원천과 부는 여가 시간을 시장에서 소비한 시간(제품과 서비스를 생산하고 이를 다른 사람이 생산한 가치가 동일한 제품과 서비스로 교환하면서)과 교환해서 획득된다는 점을 이해하면 경제가 제로섬 게임이 아님을 깨닫는 데 도움이 많이 된다. 가치가 높은 기술을 파악해서 개발하고 정보 문제를 개선하면 경제생태계에서 자기 운명을 향상할 수 있다.

불평등을
어떻게 할 것인가

그나저나 우리는 불평등하게 대우받는 사람을 많이 걱정한다. 이 책을 쓰는 현재 미국 유권자는 저글링 짐과 같은 사람이 당하는 불평등을 바로잡는 것이 정부의 임무라는 공약으로 선거전을 펼친 후보들을 모두 당선시켜 의회로 보냈다. 이 의원들이 공약을 진짜로 지킨다면, 앞서 말한 CEO와 법률가와 영화배우를 비롯해 평균 수입보다 많이 버는 사람들에게서 돈을 받아내 짐에게 줄 것이다. 엄밀하게 말하면 CEO와 그와 동류인 사람들에게서 현재보다 돈을 더 많이 받아내서 짐과 수입이 비슷한 사람들에게 부가서비스와 특혜 대우를 제공할 것이다. CEO와 짐이 각각 저축한 돈의 차이는 한쪽의 손해(더 적절한 표현이 없는지라 이 단어를 쓴다)를 의미한다.

여기에서 정부가 관리하는 사회는 부를 아주 많이 생산할 수 있다는 제로섬 게임의 개념으로 다시 돌아온다(앞서 설명한 대로 제로섬 게임은 옳지 않은 개념이다). 누군가 돈을 많이 벌면 다른 사람은 그만큼 덜 번다는 것이다. 그래서 정부는 해결해야 할 문제가 생긴다. 그리고 일반적 해결법은 수입 재분배에 목적을 둔 세금 정책이다.

수입 재분배와 그 속성에 대한 논의는 대체로 신랄하고 편향되며 도발적으로 들린다. 자유 시장 경제에서 교육받은 사람은 이를 추잡한 단계라고 생각한다. 대중주의(대중의 견해와 바람을 대변한다고 주장하는 정치 형태-옮긴이) 분위기에서 교육받은 사람은 이를 어느 정도 옳다고 생각한다. '수입 재분배'라는 말을 대체로 '중산층 압박'이나 '공평한 경쟁'이나 '공정함'이라는 말로 완화하고 가리긴 하지만 말이다. 사실 수입 재분배는 정부 모든 부처의 수익 수합과 재정 지출 목록에서 상당히 많은 부분에서 명시된다. 그리고 수입 재분배는 일반적으로 이로부터 이익을 얻는 사람들에게 지지를 받는다. 그리고 현재 상태를 유지하기 위해 치러야 할 사소한 희생으로 여겨지는 터라 이익을 얻지 못한 사람들도 용인한다.

6장 '정책의 어리석은 속임수'에서 다양한 정부 정책을 구체적으로 살펴볼 것이다. 어쨌든 이 장에서는 수입과 부의 불평등과 유용성 극대화 과정에서 불평등이 하는 역할을 이해하기만 하면 불평등을 최소화하거나 영구화하는 정부 역할을 간략하게라도 파악할 수 있을 것이다. 수입 격차를 영구화하는 것이 정부의 주요 기능이라는 생각은 좀 우습다. 추측하건대 현실적으로 법이 지배하는 중심 목적은 부의 다양한 수준을 영구화하는 것이다. 나는 법 지배를 생각해보면 재산 범죄(빈집털이, 자동차 절도, 상점 절도, 방화, 공공기물 파손 등 폭력이나 위협 없이 돈이나 재산을 강탈하는 행위만 해당)를 저지를 여지가 있는 사람을 잡으려고 동네를 천천히 순찰하는 경찰차가 가장 먼저 떠오른다. 또 노상강도, 유괴, 주거 침입 같은 폭력 범죄를 막으려고 출동한 경찰도 머릿속에 떠오른다. 경찰은 이외에도 많은 일을 하지만 나는 경찰의 주요 임무는 어둠을 틈타서 또는 총부리를 겨누며 부를 강압적으로 재분배하려는 시민에게서 다른 시민을 보호하는 것이라고 생각하는 경향이 있다.

자신보다 물건이나 돈을 많이 가진 사람에게서 도둑질하는 것이 더욱 생산적인 시도라고 가정한다면 도둑질은 부를 재분배하는 원시 형태라고 할 수 있다. 그리고 정부의 가장 중요한 업무 중 하나는 법률을 만들고 집행하는 것이므로, 어찌 보면 정부의 주요 기능은 경제 불평등을 영구화하는 것이라는 결론이 나온다. 저글링 짐이 래리 할아버지를 유괴해 몸값을 요구한다면 결국 감옥에서 여생을 보내게 될 것이다.

그러므로 짐은 계속 저글링을 했고 래리 할아버지는 상속자에게 재산을 남겼다. 마찬가지로 당신은 스미스 씨 집 뒷마당을 성큼성큼 가로질러가서 해수 수영장에서 그의 가족을 끌어내며 수영장이 당신 것이라고 소리를 지를 수도 있다. 그러나 당신은 그런 행동을 하지 않을 것이다. 내 생각이 맞는다면 스미스 씨가 당신보다 덩치가 훨씬 크거나 총을 소지하고 있거나 당신이 법을 존중하는 건전한 환경에서 자랐을 테니 말이다.

이렇게 볼 때 정부는 부자의 대의명분에 도움이 된다는 결론이 나온다. 더구나 일반적으로 원활하게 운영되는 중앙은행 기구와 여태까지 이 기구가 돈을 관리하면서 보인 좋은 실적은 시장에서 활동하는 모든 사람에게 이익이 된다. 사람은 모두 노동력을 돈으로 교환할 수 있고 그 돈과 가치가 동일한 제품과 서비스를 구입할 수 있다는 점을 알면 이익을 얻을 수 있다. 이는 좋은 점이다. 그러나 점차 복잡해지는 금융 시장에서 성공을 거뒀고 돈을 엄청나게 많이 버는 직업을 고려해보면, 정부가 입안해서 관리하는 재정 상황이 모든 사람이 아니라 일부 한정된 사람에게만 이익이 되는 이유가 어쩔 수 없이 궁금해진다. 물론 저글링 짐이 저글링 솜씨를 현금으로 교환하는 능력에서 이익을 얻기는 하지만 국채 시장에서 투기하는 사람들은 평균적으로 짐보다 이익을 많이 본다. 그리고 국채 시장의 차익거래를 노리는 사람들은 복잡한 금융 기법에 대해 교육을 잘 받은 듯하며 돈이 많은 사람일수록 더 고급 교육을 받기 마련이다.

이쯤 되면 내가 하려는 말이 뭔지 파악했을 것이다. 우리에게는 시민이 총을 들고 제멋대로 부를 재분배하지 않게 막아주는 경찰이 있지만 동시에 경제의 복잡한 임무를 이해할 수 있는 기술과 지식을 어떻게든 습득한 사람만이 쉽게 이용할 수 있는 복잡하고 역동적인 경제 체계를 만들고 있다.

그 결과 부를 획득하는 데 성공한 사람(부자)이 조세 법규의 가혹한 대우를 적당히 받아들이는 것이 효율적인 방책이 됐다. 경제 체계에서 이익을 많이 보는 사람이 이 체계를 유지하는 비용을 더 많이 지불해야 한다는 주장이 자주 제기된다. 이는 근본적으로 국가 재정을 십일조로 납부하는 셈이며, 국세청(IRS)은 교회에서 신도석 사이로 헌금 접시를 들고 다니는 덩치가 크고 경계심이 강하며 집요한 헌금 담당자 같은 역할을 한다.

세금 납부 시기가 되면 납세자들은 세상에는 죽음과 세금 말고는 확실한 게 없다는 말을 흔히 한다. 이는 시장에서 여가 시간을 생산 시간과 교환하고 그 과정에서 파생된 이익 중 일부를 내놓도록 강요받는 사람들이 하는 악의 없는 빈정거림이다. 세금 수익은 정부가 수행하는 기본 업무에 사용되며 앞서 거론한 부의 재분배를 목적으로 하는 각종 사업에 지원된다. 그리고 사람들은 대부분 이 점에 불만이 없다. 그러나 세금이라는 주제를 수입의 불평등성을 줄여주는 효율적인 방법인 양 그럴듯하게 포장하지 않도록 주의해야 한다.

첫째, 모든 사람이 세금 납부에 불만이 없다고 치부하기엔 조금 무리가 있다. 그렇다. 조세 법규는 세금을 부과할 수입을 파악해 이 중 정부가 돌려받아야 할 몫을 말끔히 받아내는 일을 상당히 잘하고 있다. 그러나 이 과정이 경제적 노력의 결실을 배분하는 것에 방해가 되지 않는다고 말한다면 수많은 사람이 납세를 피하려고 기울인 엄청난 노력을 무시하는 셈이다.

세금을 안 내려는 노력이 아주 다양한 형태로 빈번하게 펼쳐지므로 이제 눈치를 채기가 힘들 정도다. 하청업자는 공사 대금을 현금으로 받고 싶어 한다. 식당 종업원은 일정한 몫의 팁을 요구한다. 장사하는 사람은 일부 수익을 소득세 신고서에 기재하지 않는다. 그리고 수입이 갑작스럽게 늘어나자 욕심이 생긴 사람은 미심쩍은 세금 공제를 요구한다. 부자는 모아놓은 돈이 많은 덕에 재정 고문을 고용하며 이런 사람은 조세 법규를 유리하게 이용할 방법을 고안하는 일로 밥벌이를 한다. 또 헤지 펀드 매니저는 지난 선거에서 재정 후원을 한 의원이 당선된 덕에 특별대우를 받는다.

이는 너나나나 할 것 없이 다들 하는 행동이니 툭 까놓고 이야기해보자. 납세를 도와주고 조언해주는 업계 규모는 수십억 달러에 달한다. 그러나 가까운 친구로 서류 작성을 도와준다는 식으로 진행되기 때문에 실제로 이 업계에서 돈이 오고가지는 않는다. 기본적으로 납세 서류 작성 대리자는 물론 회계사와 가장 비싼 세법 전문 변호사를 비롯한 사람들은 고객이 혼자 세금신고서류를 작성해 보낼 때보다 세금을 적게 내도록 도울 수 있다. 이 업계는 자체적으로 부를 창출하며 정부의 수입 재분배 사업과 목적이 완전히 반대인 활동에 매진한다.

어쨌든 이 과정은 그리 나쁘지만은 않다. 앞서 거론한 경제 장려책의 유리한 점과 개인의 결정이 부 획득에서 주요한 역할을 하는 경위를 고려해보면 습득한 부를 거둬가려는 정부의 방침에 저항하는 대대적이고 효율적인 노력은 개인이 스스로 재정 처리 과정에 적극적으로 참여하고 있음을 확실히 보여주는 증거다. 경제생태계에서 활동한다는 증거이기도 하다. 일정한 수명과 타고난 능력과 습득한 기술을 지니고 살아가는 개인은 자기 시간을 다른 사람의 기술과 노력의 대가와 교환할 기회를 얻는다. 이럴 때 납세자는 자기 소득을 더 많이 간직할 방법을 찾아내야 하고 이런 방법을 알아내는 데 기술과 흥미가 있는 사람이 있기 마련이다.

조세 법규가 생긴 이래 모든 산업계는 이 법규를 이용해 이익을 얻을 방법을 모색하는 데 주력한다. 시간을 돈과 교환하거나 수입을 더 많이 간직할 수 있는 장려책을 이해하는 사람은 자신의 유용성을 극대화하는 교환 방법을 찾아낸다. 경제생태계에 지식이 있으면 이 체계를 더욱 잘 이용할 수 있다. 부가 창출되는 과정을 이해할 수 있으며 나무만 보고 숲을 보지 못하는 사람들을 괴롭히는 불안감이나 잘못된 결정을 피할 수 있는 것이다.

현재 수많은 사람이 교묘하게 이용하는 조세 체계의 실태에 대해 일반 시민은 스스로 재정과 경제를 관리할 만큼 능숙하지 못하므로 정부 기능이 더 강해져야 한다고 주장하는 경제학자가 많다. 다시 말하면 정부가 부를 직접 할당하거나 사회가 인정하는 활동과 개인의 책임을 국민에게 확실히 인식시켜줄 각종 사업을 실시하는 것이 최선이라는 것이다. 이런 사업으로는 주택 융자 세금 공제, 연금 저축, 범죄 조세 부과 등이 있다. 이런 사업을 할 경우 공공 조세 정책은 돈을 빌려 주택을 구매하거나 퇴직 후를 위해 저축하거나 흡연 또는 음주를 하지 않는 시민에게 보상해주게 된다. 이를 뒤집어서 더 정확하게 말하면 세 들어 살거나 퇴직한 후를 위해서 저축하지 않거나 흡연 또는 음주를 즐기는 납세자를 벌하게 된다.

후자의 서술이 신선하고 거의 농담조로 들리는 이유는 정치권에서 그런 식으로 표현하지 않기 때문이다. 그렇다고 해서 전자의 서술이 부정확하다는 뜻은 아니다. 그리고 앞서 말했듯이 그런 세금 정책을 지지하는 경제 사상가들로 이루어진 거대한 진영이 있다. 게다가 바로 이 경제학자들이 앞서 말한 정책을 기획하고 실행하는 일에 월급을 받고 고용될지 누가 아는가? 그리고 궁금한 독자를 위해 짚고 넘어가면, 물론 모든 경제학자가 이런 공공 정책에 관여하는 것은 아니다. 상당히 많은 경제학자가 민간부문에서 고객과 고객의 직원이 위험을 최소로 줄이고 수익을 최대로 늘리도록 돕는 일에 종사한다. 결국 모든 사람이 실업 수당을 받고 사는 것은 아니다.

그러나 공공 정책으로 말하자면 사회주의 성향의 경제학자(시장 경제는 자원을 공평하게 분배하거나 불균형을 바로잡을 능력, 고용과 생산량이 가장 적절한 수준으로 되돌아가는 능력이 없다고 생각하는 경제학자)마저도 자신의 개인적 부를 극대화하기 위해 활동한다는 점을 생각해보면 재미있다. 다시 말하면 이런 경제학자는 각종 이론과 사업을 만들어내며, 이는 결과직으로 자신과 동료 경제학지의 일자리를 확실히 보장해준다!

이렇게 생각할 때 경제학자라는 존재는 이 장에서 설명하려는 요점 측면에서는 거의 신선하기까지 하다. 정책 때문에 경제와 장려책이 왜곡됐지만 경제학자의 활동은 이 책에서 주장하는 부 창조 이론의 기본적 전제를 확증해준다. 사회주의적 경제학자조차 스스로 유용성을 극대화하려고 활동하는 것이다. 그러나 경제학자의 활동 때문에 다른 사람이 부를 창출하고 축적하기가 힘들어진다는 점은 인정해야 한다. 이렇게 보면 경제학자를 이 장 앞에서 거론한 어둠 속에 몰래 숨어 있는 무장 강도 같은 부류로 분류할 수 있다. 경제학자는 다른 사람의 희생을 대가로 더 부자가 되기 때문이다.

세금으로 해결되지 않으면
어떻게 하지?

수입 불평등을 이야기할 때 우리가 인정해야 할 부분이 있다. 사회의 일원인 우리가 불평등을 최소화하고 싶어 한다는 점을 정부가 안다면 단지 세입자와 흡연자와 음주자에게서 세금이라는 명목으로 돈을 거둬들여 주택 소유자와 술을 한 모금도 마시지 않는 사람에게 주기보다는 불평등을 해소할 방법을 최소한 조언이라도 해줘야 하지 않을까?

이 문제에 관한 한 정책이 부나 행복을 창출하지 않는다는 점은 분명한 사실이다. 사람은 여가 시간을 포기하고 생산 시간을 늘리는 방식으로 부를 창출한다. 극단적으로 말해서 정부 정책이 아주 많더라도 사람이 없으면 부가 창출되지 않는다. 반면에 사람이 아주 많고 정부 정책이 없을 때는 계속 부가 창출된다. 정책이 없을 때 창출될 부가 더 적을지 더 많을지는 다음 기회에 논의해보자.

부를 창출하는 핵심이 사람이라고 할 때 정부는 자신을 위해 부를 창출하는 사람들에게 어떤 도움을 줄 수 있을까? 개인은 자신이 가진 능력과 정보와 더불어 물적 자본과 금융 자본을 동원하며 여가 시간을 생산 시간과 교환할 때 이런 요소를 최대한 생산적으로 적용한다. 그러니 대체로 시간이 우선이고 다음으로 생산성이다. 따라서 정부가 개인의 유용성이 극대화되도록 도우려고 정책을 시행하려면 시간이나 생산성을 더 많이 창출하면 된다. 정부가 주당 최소 작업시간에 관여하고 지시하는 것을 원하는 사람은 없을 테니 시간은 제쳐두고 생산성을 살펴보자. 법률에 따른 지배와 도로 건설을 비롯해 이미 정부가 하는 활동을 제외하면 정책 방향은 생산성 요소를 향상할 최고 요소인 능력과 정보로 향해야 한다. 또 정부는 금융 자본과 물적 자본을 제공할 수 있지만, 이는 암묵적인 수입 재분배이며 누가 무엇을 언제 받을지 결정할 기술과 통찰력을 모두 지닌 사람은 없다. 따라서 이런 골치 아픈 일은 아예 건드리지 않는 것이 최선이다. 수억 명에 달하는 시장 참가자들이 금융 자본과 물적 자본을 두고 경쟁하며 그 중요성을 깨닫도록 내버려두는 것이다.

우리는 타고난 능력 외에 직업 전선에 들어갈 때 필요한 능력을 대부분 정규 교육에서 얻는다. 나은 교육을 받을수록 유용한 능력을 많이 활용할 수 있다. 기술과 지식이 뛰어날수록 생산성을 많이 발휘하게 된다. 게다가 기술이 많을수록 유용성을 극대화하기 위한 직업을 고를 때 선택권이 넓어진다. 저글링 짐이 저글링뿐만 아니라 건축 기술도 보유한다면 저글링을 하는 광대를 직업으로 선택했더라도 나중에 우선순위 또는 관점이 바뀌어 직업을 바꿀 수 있을 것이다. 더구나 광대를 찾는 수요가 줄어드는 계절이 오면 건축 분야에서 일하다가 건축 쪽에 일감이 없는 계절이 오면 다시 광대 일로 돌아갈 수 있을 것이다.

그리고 이 밖에 정보도 있다. 정보는 실제로 소중하고 영향력 있는 상품이다. 미국은 경제와 인구통계와 금융 시장 등에 관해 전 세계에서 가장 풍성하고 질이 높은 공공 자료를 갖추고 있다. 누구나 입수할 수 있는 각종 경제, 금융 자료를 이용하는 방법을 아는 사람들은 이를 통해 경제 상황을 아주 명료하게 판단하게 된다. 그러나 실제로 이런 데이터를 이용하거나 이용 방법을 아는 사람이 몇 명이나 될까? 입수할 수 있는 공공 정보 자료의 종류와 이를 해석하는 방법을 제대로 지도받으면 회사나 개인은 더 나은 결정을 내릴 수 있을 것이다. 더욱이 미국에서는 최고 정보를 입수할 수 있지만 그렇다고 해서 모든 상황이 잘 돌아간다는 뜻은 아니다.

능력을 키우거나 정보를 향상히도록 조장하는 정부 정책은 당연히 부를 키울 것이다. 그리고 공공 서비스는 소득세에서 수령한 수익을 바탕으로 무료로 제공된다. 소득세 대부분을 부자와 기업이 내고 결과물을 모든 사람이 함께 누리는 정책은 부를 정당히 이전하며 따라서 수입 불평등을 줄이는 가벼운 형태의 완력이다. 부자는 물론 가난한 사람에게서 나온 노동력을 그저 저장해두는 대신에 정보의 범위를 넓히고 질을 높인다면 생산성을 이전하는 우회적인 방법이 될 것이다.

　그러나 경제분석국 또는 인구조사국을 통해서 입수할 수 있는 자료의 양을 늘리자는 공약을 내걸고 선거에 출마한 국회의원 후보자가 과연 당선될 수 있을까? 행운을 빌 뿐이다.

정책을 제외한다면
개인이 할 수 있는 일은

불평등을 줄여서 우리에게 이익을 주는 정책이 나올 것이라고는 기대하지 말자. 특히 이런 정책으로 결국 부의 총계가 줄어들기를 원하지 않는다면 말이다. 수입 재분배 사업의 요지는 누군가에게서 돈을 거둬들여 다른 사람에게 주는 것이다. 이는 받는 사람에게는 희소식이지만 빼앗기는 사람에게는 나쁜 소식이며 양쪽 모두에게서 일하려는 의지를 꺾는다.

그러므로 수입 재분배 사업은 경제생태계 내의 부의 총계가 줄어들게 만드는 원인이다. 이는 부가 이전되는 쪽에 있는 사람에게는 당장은 나쁜 일이 아니다. 그러나 부를 이전해줘야 하는 사람으로서는 자기 제품과 서비스를 다른 사람의 유용한 제품, 서비스와 교환할 기회가 결과적으로 줄어든다.

　게다가 정부 정책을 당장 바꾸기는 불가능하며 설득력과 영향력이 아주 큰 사람이 아닌 한 아무리 기간이 길더라도 정책을 변경하기 힘들 것이다. 그리고 스미스 가족을 강제로 수영장에서 쫓아버리려는 생각도 머릿속에서 아예 지워버리자. 한마디로 전혀 이웃답지 않은 행동이다. 또 오랜만에 래리 할아버지를 만나러 갔는데 마침 그때 할아버지가 숨을 거두면서 당신에게 돈을 남겨주는 일도 현실에서는 일어나지 않는다. 그러니 이런 생각도 몰아내버리자. 어쩌면 당신에게 나이가 많고 부자인 숙모가 있을 수 있지만 그렇다고 해서 그 숙모의 저장된 노동을 현금으로 바꿀 수 있도록 어서 하늘나라로 가달라고 부탁하는 것은 어불성설이다.

　사실상 당신의 부를 늘리는 유일한 방법은 매일 당신이 관리하며 살아가는 두 요소, 즉 생산성과 노동 시간을 잘 관리하는 것이다. 하루하루 일하는 시간에 따라 노동과 여가의 상대적 보상이 크게 좌우된다. "한 시간 더 일하거나 쉬면 보상을 더 받을 것인가?"라고 자문해보자. 이는 우리 모두 날마다 무의식적으로 내리는 결정이다. 그러니 이제부터라도 이 점을 고심해보는 것이 어떨까? 그러면 부자가 될 기본 준비가 된 셈이다.

경제생태계가 당신을 위해
움직이게 하라!

궁극적으로 돈을 버는 능력 또는 더 많이 버는 능력은 한마디로 생산성 문제다. 생산성은 유용성을 높이는 열쇠다! 모든 사람은 노동해서 얻은 결과물을 다른 사람이 노동해서 얻은 결과물과 시장에서 교환한다. 이럴 때 생산성이 높은 사람일수록 그 사람의 노동력이 지닌 시장 가치도 높아진다. 생산성은 인적 자본(즉 능력과 정보)에 따라 좌우된다. 기본적으로 인적 자본의 의미에는 '나는 무엇을 할 수 있는가?'가 포함된다. 정보에는 정확히 무엇을 어디에서 얼마나 해야 하는지 포함된다.

생산성의 넓은 의미에는 회사에서 입수할 수 있는 금융 자본과 물적 자본 등이 포함된다. 단기적으로는 어떤 방법으로도 이런 요소를 늘릴 수 없다. 그러나 좋은 정보가 있으면 이런 필수 원료가 있

는 곳을 알 수 있으며 생산성을 높이 발휘해서 보상을 많이 받을 가
능성이 가장 높은 회사를 골라서 취직할 수 있다.

당신은 스미스 가족처럼 해수 수영장을 갖고 싶은 마음이 절실
한가? 당신도 저글링 짐처럼 사는데 생일 파티에 돌아다니면서 행
사하는 일에 진력이 났는가? 그런데 성공하려는 노력이 자꾸만 좌
절되는가? 그렇다면 당신이 취할 수 있는 대책은 두 가지다. 바로
능력을 키우고 정보를 향상하는 것이다. 예를 들어 저글링 짐이 훨
씬 좋은 정보를 확보한다면 수당이 더 많은 저글링 일자리를 구할
수 있다. 한 예로 기업이 개최하는 효율적인 팀 구축 워크숍에 저글
링 강사로 초빙되는 경우를 들 수 있다. 한편 능력을 단기간에 신장
하자면 훨씬 힘들긴 하다.

어쨌든 경제생태계에서 필요한 기술 종류에 대한 정보를 많이
확보해 그런 기술을 익히는 것이야말로 부와 유용성을 키우는 기본
방법이다. 그렇지만 이런 노력이 불평등을 줄인다고 생각하지 말기
바란다. 물론 그렇게 되기를 원하지도 않을 것이다. 당신이 성공한
다고 해서 그만큼 다른 사람이 실패하는 것은 아니다.

불평등은 경제라는 탱크의 연료다. 다른 사람에게 피해를 주지
않으면서 성공하는 능력은 자유 시장 경제의 기본 엔진이다. 이는
경제에서 생산이 이루어지게 해주는 추진력이다. 게다가 오늘날 불
평등은 일과 여가에 몇 세기 동안 내린 결정이 축적돼서 현재 나타
난 결과다. 당신이 태어나기 전에 이미 내려진 결정을 바꿀 방법은
없다. 그러나 적어도 이런 체계가 움직이는 방법을 이해할 수는 있

다. 또 능력과 생산적 노력을 습득하고 효율적으로 사용할 수 있는 올바른 결정을 내리기 시작할 수도 있다. 그리고 이 장 초반에서 거론한 대로 희소식은 이미 당신이 이런 활동을 한다는 점이다. 최소한 당신이 이런 활동을 한다는 점과 그 이유를 인식하면 조금 더 많이 생각할 수 있고 더 잘하기 위해 집중할 수 있다. 그리고 여기에서 주요한 점은 경제생태계가 움직이는 방법과 당신이 그 안에서 활동할 방법을 이해하는 것이다. 이를 제대로 이해하고 스미스 씨처럼 되고 싶다는 목표를 세우면 당신도 언젠가는 해수 수영장이 딸린 집에서 살게 될 것이다.

5

연합체로서
기업의 역할

파이 조각을 얻지 말고
스스로 구워라

지금까지 경제가 사람에게서 나온다는 점을 확실히 밝혔다. 궁극적으로 사람은 재생이 가능한 자원이다. 우리는 기본적으로 자기 수명 중 일부(자기 시간)를 다른 사람이 생산한 제품과 서비스로 교환한다. 이를 위해 우리는 삶을 여가 시간과 노동 시간으로 나눈다. 직장에서 보내는 시간에는 다른 사람의 제품과 서비스와 교환할 자기 제품과 서비스를 생산한다. 다른 사람의 제품과 서비스를 최대한 많이 얻으려고 자기 제품과 서비스의 가치를 높이려 한다. 생산성이 높을수록 원하는 삶의 질을 얻거나 유지하기 위한 여가 시간이 늘어난다. 우리가 최종적으로 바라는 것은 유용성의 극대화, 즉 행복의 극대화다.

그리고 우리는 이 과정에서 경제생태계의 전체 크기를 키운다.

부의 총계를 늘리는 것이다. 단순히 당신 몫의 파이 조각을 얻으려고 노력하는 게 아니라 당신 몫의 파이를 스스로 굽는 것이다. 당신이 얻은 만큼 다른 사람이 잃는 게 아니다. 모두 성공하면 모두 부자가 된다. 그리고 이렇게 되는 가장 좋은 방법은 사회 환경, 즉 경제 생태계와 조화를 이루며 살아가는 것이다.

우리는 경제생태계가 활용도가 가장 높게 자원을 배분하도록 내버려둬야 한다. 우리는 또한 경제생태계가 자연스럽게 시장 가격을 책정해서 잉여와 결핍을 보여주도록 내버려둬야 한다. 오랜 세월에 걸쳐 우리는 자연 풍경을 마음대로 변형하면 의도하지 않은 재앙이 발생한다는 뼈아픈 교훈을 얻었다. 마찬가지로 사회 환경 역시 마음대로 변형하려고 하면 안 된다. 강물이 흘러가듯이 자본도 자연스럽게 흘러가게 내버려둬야 한다. 동물이 때가 되면 이주하듯이, 물적 자원과 노동력도 자연스럽게 이동하도록 내버려둬야 한다. 과거에 선조들은 산을 허물고 계곡을 메우면서 자연을 살육했지만 이제 이런 만행을 중단하고 자연 풍경을 숭배해야 한다.

이런 주제가 모든 사람의 마음에 반향을 일으키고 고무적인 역할을 하기를 바라지만 우리는 현실적 상황에 기반을 두고 있어야 한다. 현실을 직시해보자. 아침에 알람이 울리면 제품이나 서비스를 창출해서 자신에게 필요한 물건을 만든 다른 사람과 교환해야겠다는 생각을 하면서 침대에서 일어나는 사람은 없다. 모든 사람이 맛있는 음식을 한 바구니를 들고 가서 가장 갈망하는 물건과 바꿔오는 행복한 세계 야외 시장은 존재하지 않는다. "좋아요. 시 한 편과 직접 빚은 그릇 두 개를 줄 테니 구운 통닭 두 마리와 도요타 캠리를 교환합시다"라고 말할 수 없다는 것이다. 그렇다. 현실은 다르다. 아침에 알람을 끄고 나서 특별한 시장을 찾아 나서지 않는다. 사람들은 대부분 그저 직장으로 향한다!

기업의 노예가 되면
안 된다

직장은 앞서 설명한 시장과 전혀 다른 곳인 듯싶다. 우리가 앉거나 서서 일하는 책상과 작업장이 배치돼 있으며, 이곳에서 우리는 최상의 생산량을 내야겠다는 꿈같은 것은 꾸지 않는다. 그 대신에 경영자가 제품이나 서비스 전 라인이 원활하게 돌아가도록 운영할 수 있게끔 완료해야 하는 업무가 있을 뿐이다. 어쩌면 담당 업무가 최종생산물과 너무 멀리 떨어져 있어 일상적인 업무와 궁극적 생산량이 전혀 상관이 없는 것처럼 보일 수도 있다. 현실적으로는 생산한 것을 직접 시장에 들고 나가서 다른 사람과 바꾸는 일은 일어나지 않는다. 그 대신에 작업에 투입한 시간만큼 월급이나 수수료나 봉사료를 받는다. 그리고 일은 고되고 따분하다(어쨌든 출근만 해도 돈을 주는 데는 다 이유가 있다! 일이 즐거운 놀이라면 굳이 돈을 받지 않고 무료로 해줄 것이다). 출근해서 맡은 일을 한 다음 집으로 돌아간다.

마침내 정해진 날짜가 지나면 월급을 받고 그 돈으로 주택 융자금이나 전기요금이나 신용카드 대금 등을 지불한다. 그러니 이 책에서 말하는 원대한 미사여구가 삶의 현실과 무슨 상관이 있다는 말인가? 경제생태계가 대체 어디에 있단 말인가? 결국에 사람들은 대부분 그저 기업의 노예가 아니던가!

'기업이라는 기계' 라는 개념은 토론해봐야 할 주제다. 한 걸음 물러나서 우리가 일하는 목적인 돈은 그저 가치 저장량일 뿐이며 다른 사람과 제품 또는 서비스를 교환하는 절차를 더 편리하게 해준다고 생각한다고 해보자. 그렇더라도 이 과정에서 회사의 역할은 여전히 부자연스러운 존재처럼 여겨진다. 현실보다 단순한 세상에서는 각자 당근 한 바구니나 장작 한 묶음과 같이 단순한 제품을 다른 단순한 제품이나 서비스와 바꿀 것이다. 그런 세상은 이해하기가 간단하다. 그렇지만 모든 사람이 채소 농사를 짓고 장작을 패고 시를 짓고 바구니를 짜고 생선을 팔고 빵을 만든다면 자동차나 뮤추얼 펀드나 항공 운송이나 약품이나 섬유 광학을 누가 제공할 것인가? 이들 분야는 혼자서는 해낼 수 없다.

그러므로 작업자 한 명 이상과 강력한 후원자 한 명 이상과 상당한 물적 자산과 계속 투입되는 자금이 필요한 일이 생기면 자연스럽게 연합체, 다른 말로 하면 회사를 만들게 된다. 회사 개념을 제대로 이해하려면 오늘날 대기업이 대중문화에서 가장 악마 취급을 받는 개념이 돼버렸다는 점을 무시하자. 경제생태계 내에서 당신의 삶을 더욱 잘 해석하려면 회사란 노동자를 희생시켜 자본의 소유자를 더욱 부자로 만드는 영구적이고 냉담하며 계급이 있는 기계(대중 언론과 많은 정책 기획자가 대기업을 묘사한 내용과 유사)라는 생각을 버려야 한다.

그 대신 회사를 영구적 독립체가 아니라 하나의 우연한 상황이라고 생각해보자. 특히 많은 제품이 인간의 창조성에서 나오는(원자재를 뽑아내거나 이동하는 것과 반대로) 오늘날 서비스 중심 경제에서 회사는 흔히 생각하듯 냉담하고 변화가 없으며 무관심한 기관이라기보다는 자진해서 참여한 개인에게서 우연히 발견된 능력이 연합된 형태로 기능한다는 쪽이 더 맞다.

회사의
수명이 다한다면

회사는 획일적인 산업 재벌을 극악무도한 악당으로 우스꽝스럽게 묘사한 그림보다 1969년에 열린 전설적 우드스톡 뮤직 페스티벌(Woodstock Music Festival)과 더 공통점이 있다고 하면 맞는 말일까? 사실 그렇다. 그러나 이 서술에 형용사 하나를 더 넣어야 한다. 성공적인 회사는 우드스톡 뮤직 페스디벌과 공통점이 많디. 혼디외 구글과 애플 같은 대표적인 회사나, 시내에서 가장 좋은 식당이나, 뛰어난 연극이나, 장사가 잘되는 지역 소매상은 훌륭한 아이디어와 뛰어난 실행이 멋지게 혼합된 결정체다.

회사 형성 과정을 간략히 살펴보자. 먼저 훌륭한 아이디어가 필요하다. 그리고 나면 대출 기관과 투자자가 그 아이디어가 훌륭하다고 생각하고 자본을 보태준다. 관리자는 아이디어의 개념을 제대로 해석해 현실화한다. 재능이 있는 노동자가 동참하기로 결정하고 밤낮으로 노동력과 재능을 보탠다. 그리고 손님은 최종 제품을 보고 아주 마음에 든 나머지 충실한 고객이 돼서 다른 사람에게 홍보한다. 그 뒤로 짧은 기간이나 일 년 또는 10년 동안 그 활동에 고용된 모든 사람이 정확히 고객이 원하는 제품을 제공할 정도로 생산성이 올라간 훌륭한 연합체가 형성된다. 이는 축제다. 모든 조각이 딱 들어맞는 마법 같은 순간인 것이다.

대체로 이는 영원히 지속되지 않는다. 노동자는 경력이 쌓여 다른 곳으로 옮기고, 사회의 기호가 변하며, 소유자는 나이가 들면서 욕구가 변함에 따라 투자액을 현금으로 바꿔야 한다. 어쩌면 회사가 팔리거나 원래 목적에서 너무 멀어지거나 고객 취향이 변할 수도 있다. 뛰어난 경제학자 조지프 슘페터(Joseph Schumpeter)가 만든 용어인 '창조적 파괴' 과정에서는 새로운 제품(또는 서비스와 기술)이 기존보다 향상됨에 따라 한때 우세했지만 이제 구식이 되고 열등해진 기존 제품(또는 서비스와 기술)의 시장과 가치가 파괴된다. 그러므로 항상 혁신과 향상을 할 수밖에 없다. 그리고 그처럼 훌륭한 혁신은 대체로 우연히 일어난다. 금융 자본과 물적 자본과 인간 자본이 적절하게 혼합된다면 말이다. 설사 과거에 주목받았던 회사의 희생이 따르더라도 제품이나 서비스가 생산돼서 소비자의 삶에 이득을 많이 더해준다면 자본이 세계 어디에서 나오든지 상관없다.

한때 즉석카메라 폴라로이드(Polaroid)나 게임기 아타리(Atari)나 음료 스네플(Snapple)은 우발적으로 일어난 혁신이었다! 누군가 뉴욕에서 멀리 떨어진 농장에서 콘서트하면 좋겠다고 생각한다. 공연자와 시간을 잘 선택해 관중 수천 명을 동원하며 결과적으로 모든 참여자가 아주 멋진 경험을 했다고 해보자. 바로 이런 식으로 인간 자본과 물적 자본과 금융 자본이 합해져 위대한 결과물을 창출한다. 애플이 아이폰을 출시하자 수많은 사람이 역사적인 사건의 일원이 되려고 전국에서 매장마다 줄을 서서 기다렸다. 그렇다면 애플과 열렬 고객의 이런 모습이 우드스톡 페스티벌과 다를 게 뭐가 있는가? 게다가 아이폰이 출시되면서 이보다 기능이 떨어지는 경쟁사 전화기의 가치가 급락했다고 해서 이것이 해로운 문제일까? 조금도 그렇지 않다. 사회 전체는 소비자의 요구로 일어난 혁신 덕분에 살기가 좋아진다.

시대에 뒤떨어지지 않으려면 모두 열심히 일해야 하는 것이 고통스러운 과정일까? 우리가 가능한 한 최고 가치를 수확할 바람을 안고 여가 시간을 노동 시간과 교환한다는 점을 고려해보면 위 질문의 답은 명백하게 '그렇다'이다. 혁신하려면 그럴 필요가 없을 때보다 더 열심히 일해야 하기 때문에 스트레스가 대단히 많다. 그러나 이것이 바로 경제생태계의 마법이다.

이 전체적 체계는 자연스럽게 자본을 최고로 활용되게 함으로써 다른 사람의 희생을 바탕으로 누군가에게 보상해주는 것이 아니라 전체가 최대한 효율적으로 돌아가게 만들려고 한다. 이 과정은 개인이 기여한 만큼 보상을 받는다는 의미다. 당신이 생산에 참여하는 제품이나 서비스의 수요가 줄어들면서 상대적으로 그 가치가 줄어들고 있다고 치자. 그러면 당신은 사회가 가치를 더 높게 매기는 다른 제품이나 서비스를 생산하려 할 것이다. 그러므로 경제생태계에서 생산된 산출량의 총가치가 늘어나게 된다. 실제 생활에서 이런 예를 들면 더 나은 기회를 찾으려고 다른 회사로 옮기는 경우가 있다. 또는 직장을 그만두고 그 회사보다 더 가망성이 있을 사업을 직접 시작하는 경우도 있다.

안타깝게도 대체로 사람이 그만두는 과정은 그 회사에게는 종말을 알리는 전조가 된다. 몇 년 동안 전 구성원이 협력을 매우 잘해서 뛰어난 제품을 생산했다. 그러다가 다른 회사가 더 나은 제품을 생산하거나 가격을 낮출 방법을 알아낸다. 그러고 나면 협력에 금이 가기 시작한다. 자본가는 더 많은 수익을 찾아 떠난다. 노동자는 회사의 침체상태를 직감하고 다른 직장을 알아본다. 그리고 이제 회사의 수명이 다 됐는지도 모른다. 회사가 기울어 가면서 새로 부상하는 다른 경쟁사에게 자리를 양보한다. 회사가 생명을 잃는다! 회사 만세!

전문가가
되어야 한다

아침 6시 30분이 되면 침대에서 무거운 몸을 일으켜 40분 동안 버스를 두 번 갈아탄다. 8시까지 출근해야 하는 좁디좁은 휴대전화 액세서리 가판대에 도착해 문을 연다. 이는 실제로 이 일을 하는 당사자에게조차 완전히 형편없는(더 적절한 용어가 없어서) 일로 들릴 것이다. 그렇다면 당신이 이런 일을 하는 이유를 살펴보자.

몇 세대 이전이었다면 당신은 이런 곤경에 빠지지 않았을 것이다. 경제생태계의 법칙은 영원히 변하지 않지만 경제생태계의 속성은 우리가 혁신을 통해서 상황을 변화시키도록 부추긴다. 그리고 최근 몇 세기 동안 일어난 혁신 때문에 모든 사람이 더욱 결집하고 협력해서 작업하는 것이 필수가 됐다.

얼마 전까지만 해도 선진국의 대다수 노동자가 농부였고 이 중 많은 경우는 아주 영세했다. 다시 말해 한 가구는 대지를 소유하거나 임대했으며 이들의 주요 직업은 스스로에게 필요한 제품과 서비스를 생산하는 것이었다. 자신들이 먹을 것을 대부분 직접 키우고 돌봤다. 이들이 보살피는 동물은 운송수단이 되고 노동력을 제공하는 것은 물론이고 계란과 우유와 고기를 제공했다. 이들은 채소를 가꿔서 통조림으로 저장해놓고 일 년 내내 먹었다. 집을 직접 짓고 관리했다. 그리고 다른 사람과 교환도 했다. 사람들은 쟁기나 난로나 옷을 만들 옷감을 살 수 있었다. 그러나 실제로 직접 생산한 식품을 먹었고 농사가 잘 안 되면 굶주림에 시달렸다는 점에서 만사가 생활에 훨씬 즉각적으로 영향을 미쳤다.

그렇다면 이런 상황이 왜 바뀌었는가? 439번 버스를 타고 30분을 가다 내려서 요크가와 메인가의 모퉁이에 있는 좁아터진 휴대전화 액세서리 가판대로 출근해서 보내는 인생보다 농촌에서의 삶이 훨씬 낫다고 주장하는 사람이 있을 것이다. 상상해보자. 닭에게 모이를 주고 모자와 멜빵 차림으로 다니며 하루 종일 가공 식품이 아닌 신선한 농작물만 먹을 수 있는 것이다!

그러나 나는 반론을 제기하고 싶다. 농장에 추운 2월이 찾아오고 절여서 병에 담아둔 토마토와 소금에 절인 돼지고기에 물려서 다른 맛있는 음식을 찾을 때가 되면, 액세서리 가판대에 있는 따뜻한 의자와 엄청난 양의 특선 요리, 전 세계에서 공수돼온 재료가 쌓여 있는 푸드 코트에서 먹는 점심이 그저 환상적으로 여겨질 것이다.

자급자족으로 최저생활을 하는 농부 입장에서 생각해보자. 한겨

울에 외풍이 심하게 들어오는 판잣집을 종류를 막론하고 구할 수 있는 온갖 땔감으로 난방하려고 노력하는 사람이 있다. 그에게 "이 따뜻한 의자에 앉아서 행인에게 휴대전화 액세서리를 팔고 점심으로는 한 시간 일해서 받을 수당보다 싼 맛있는 깐풍기를 먹으면 어떨 것 같으세요?"라고 물어본다고 치자. 그는 상당히 오랫동안 주식으로 병에 든 통조림과 소금에 절인 돼지고기를 먹어왔기 때문에 대체 깐풍기가 뭔지 자세히 설명해줘야 하겠지만 어쨌든 이런 제안을 마음에 들어 할 것이다.

최저생활을 하는 이 농부가 혼자 힘으로 깐풍기 요리에 필요한 각종 재료를 모두 재배하거나 휴대전화 액세서리를 디자인하고 제조하게 될 여지는 전혀 없다. 열악하게 사는 농부는 때가 되면 농장에서 벗어나 생산성을 더 높일 수 있는 전문 분야에서 일자리를 구하게 된다. 과거에는 자신과 가족에게 필요한 모든 것을 직접 공급하려고 노력했다. 그는 이 중 일부를 생산하는 능력이야 좋았지만 대부분 생산 실적이 저조했다.

그러나 이와 반대로 직장 생활을 하면 단지 한 개 또는 몇 개 제품만 생산하면 되며 다른 전문가가 생산한 제품을 구입하기에 충분한 돈을 벌 수 있다는 사실을 알게 된다. 예를 들어 그는 마차 바퀴만 만들면 방앗간에서 밀가루를 사고 정육점에서 고기를 사고 옷가게에서 옷을 사고 집주인에게서 아파트를 빌릴 수 있으며 가족이 소비할 많은 제품을 살 수 있다. 더구나 어쩌면 주말에는 쉴 수도 있다! 이 전직 농부는 당신과 다를 게 전혀 없다.

원한다면 당신이 소비하는 모든 제품과 서비스를 직접 생산하려고 시도해볼 수 있다. 채소를 직접 기르고, 닭을 몇 마리 키우고, 옷을 만들어 입고, 집을 짓고, 오락거리를 직접 만들고, 와인을 담그고 싶은가? 물론 이 중 한두 가지를 취미로 할 수 있다.

그러나 장담하건대 사람들은 대부분 자신의 전문분야에서 일할 때 생산력을 높이 발휘한다. 그 결과 뒤뜰에 있는 정원을 가꾸거나 발코니에 앉아 휴식을 취하는 여가 시간을 실제로 누릴 수 있는 자원을 얻게 된다.

가격을 최고로 높일
방법을 찾아라

그렇다면 전문성을 어떻게 얻는가? 우리는 훌륭한 아이디어의 고안자, 금융 자본의 공급자, 업무 프로세스를 간파하는 관리자, 해당 분야에 전문성이 있는 동료 직원과 협력하면서 전문성을 얻게 된다. 예를 들어 당신이 약품 영업에 뛰어난 사람이라면 약품을 제조하는 일자리에는 지원하지 않는다. 결국 약품을 제조하는 방법을 전혀 모르지 않는가!

그 대신에 가능한 한 최고 제약 회사에서 일자리를 구한다. 아이디어가 최고이고 연구 자본이 가장 많으며 제조 공정이 첨단이며 브랜드 가치가 제일 높은 회사를 물색한다. 가능한 한 최고 제품을 만드는 사람과 연합한다. 즉 회사에 들어가는 것이다.

물론 당신은 훌륭한 영업사원이어야 한다. 그렇지 않으면 최고 회사에서 근무하는 아주 뛰어난 인재들이 당신과 같이 일하려 하지 않고 당신보다 뛰어난 사람을 찾을 것이다. 냉정한 것 같은가? 그러나 이런 동력은 당신이 영업 기법을 향상하거나 다른 전문 분야를 찾도록 자극하는 것일 뿐이다. 그런 자극이 없다면 그저 시원치 않은 회사에서 근무하면서 효과도 없는 제품을 강매하고 다니게 될 것이다. 그리고 좋아하는 일을 할 때보다 생산성이 훨씬 떨어질 것이다. 이것이 경제생태계의 엄격한 사랑이다.

경제생태계는 사람과 자원의 잠재력이 최대한 활용되도록 독려한다. 당신은 경제생태계의 신호를 읽고 받아들일 수 있도록 열린 마음으로 정신만 차리고 있으면 된다. 상품에만 가격이 정해지는 것이 아니다. 시간에도 시장 가격이 할당된다. 그 가격을 최고로 높일 업계와 회사와 직업을 찾는 것은 당신 몫이다(각 직업의 비교 비용을 염두에 둬야 한다. 거름을 삽질해야 하는 일이 월급이 더 많더라도 휴대전화 액세서리 점원 일을 선택하는 사람도 있을 것이다).

회사는
한순간이다

우리는 회사의 일자리를 전문성을 키우고 생산성을 높일 기회로 생각해야 한다. 회사를 각종 아이디어가 우연히 교차하는 지점으로 여겨야 한다. 좋은 점을 발견하면 마음껏 누리고 그 좋은 상태가 유지되도록 열심히 일해야 한다. 그리고 더 좋은 상태가 지속되지 않으면 좀더 나은 기회를 찾아봐야 한다. 이것이 경제생태계의 삶이다. 개인의 관점에서 보면 간단하게 여겨질 것이다. 결국 경제생태계 내의 모든 가치는 개인이 살아가는 동안 나온다. 경제는 사람, 즉 당신에게서 뻗어 나온다. 당신은 스스로 결정한다. 결정할 때 가장 많이 작용하는 것은 개인의 관점이다.

그런데 회사가 개인의 노력이 집결된 저장고가 여러 개가 아니라 생산량의 단일 구성체라도 되는 양 사회 일원으로서 우리가 각종 회사와 관련된 사건에 그리 많이 신경 쓰는 이유가 무엇일까? 여기에는 혼재된 메시지가 아주 많다. 우리는 일자리와 회사의 브랜드 이미지에 애착을 갖지만 특히 변화가 있거나 실직이 우려될 때를 비롯한 일부 상황에서 회사의 소유주나 경영진과 전쟁이라도 하는 듯 보인다. 미국 정부가 GM이나 뱅크 오브 아메리카(Bank of America)에 기득권이라도 있는 양 두 회사를 긴급 구제하려는 이유가 무엇일까? 우리가 일부 회사를 높이 평가하는 이유가 무엇일까? 그리고 외국 경쟁사로부터 일부 회사를 보호해주는 반면 다른 회사는 바람에 휘어지도록 내버려두는 이유가 무엇일까? 게다가 '대기업'이라는 말에 그리도 부정적인 의미가 함축되어 있는 이유가 무엇일까? 우리는 모든 이의 식량을 재배하고 사육하는 '기업 농장'조차 싫어한다. 회사는 놀랍고 멋진 존재이며, 우리가 가진 제품과 서비스와 기술이 모두 이런 회사들이 우연히 융합해서 나온 산물이다. 우리가 가장 성공을 거둔 회사의 선봉장들을 싫어하는 것은 좀 이상한 현상이다. 어쨌든 자신들의 분야에서 뛰어나지 않으면 소기업을 벗어나서 대기업이 될 수 없다.

그렇다면 사랑은 어디에 존재하는가? 어쩌면 사랑이 너무 넘쳐나는지도 모르겠다! 끊임없이 흘러나오고 중독성이 강한 브랜드 이미지와 마케팅 때문에 우리가 선호하는 브랜드와 회사를 너무 사랑하게 된 나머지 그 회사 소유자인 것 같은 착각에 빠지나 보다. 버드와이저 맥주를 아주 좋아하는 사람은 외국의 거대 기업 인베브(InBev, 벨기에의 맥주 제조회사)에 이 이 회사가 매각될 것이라는 이야기에 미친 듯이 화를 냈을 것이다. 어쩌면 맥주광인 친구들과 함께 사악한 외국 거대 기업이 버드와이저를 훔쳐가는 만행을 막아야 하고 또 막을 수 있다고 생각할지도 모른다. 그러나 이는 불가능하다. 버드와이저 애호가들은 버드와이저를 계속 마시든지 다른 브랜드를 선택하든지 해야지 버드와이저 경영진의 결정에 참견할 권리는 전혀 없다. 버드와이저는 주식을 공개한 상장회사이고 회사 경영진은 주주의 이익을 위해서 회사를 운영한다. 대다수 주주가 회사를 매각하고 싶어 한다면 그렇게 될 것이다.

슬프기 그지없겠지만 공평한 일이다. 투자자는 위험을 무릅쓰고 자본을 사업체에 투입한다. 당연히 투자자는 고객을 중요하게 생각하겠지만 투자에서 수익이 나오기를 기대하므로 사실상 소유권에 대한 고객 감정은 중요한 고려대상이 아니다. 물론 어떤 회사도 고객의 심기를 건드리면 안 된다. 그랬다가는 앞으로 일어날 일에 고객이 관심을 갖지 않을 것이다. 그렇지만 회사를 매각하기로 한 마당이니 그런 것은 이제 새 소유자가 걱정할 문제가 아니던가!

앞시 말힌 대로 회사는 우언히 일어난 상황이라는 점을 명심하자. 창립자는 훌륭한 아이디어를 현실로 만들고 싶어 한다. 투자자는 투자할 훌륭한 아이디어를 찾는다. 노동자는 생산성을 극대화할 수 있는 자본이 많고 믿음이 가는 회사에 마음이 기운다. 고객은 이렇게 해서 생겨난 제품이나 서비스의 궁극적 수혜자다. 그러나 투자자가 돈을 회수해야 하면 이를 감당해야 하는 주체는 회사다.

앞서 말한 모든 측은 서로 영원히 결합된 관계가 아니다. 경영자

가 회사를 떠나거나 중요한 노동자가 다른 회사로 옮기거나 창업자
가 회사를 매각하고 현금을 챙길 수도 있다. 벤과 제리(아이스크림 회
사 벤 앤 제리(Ben & Jerry)의 창립자—옮긴이)마저도 결국에는 경영악화로
회사를 유니레버에 팔아버리지 않았던가! 그리고 최근에 좌초된 미
국 자동차 회사들의 경우에서 더는 참지 못하고 결별을 선언한 쪽
은 고객이었다.

그렇다면 우리는 정부가 어떤 회사에는 도움의 손길을 뻗고 다
른 회사는 파산되도록 내버려두는 상황을 어떻게 설명할 것인가?
이는 설명하기가 만만치 않다. 정부가 한 회사를 너무 좋아한 나머
지 그 회사를 지원해주려고 위험을 무릅쓰고 납세자의 소중한 돈을
퍼붓는 것일까? 그렇지 않다. 대체로 정부가 직접 나서서 회사를 지
원하는 목적은 여러 요소 중에서 특히 일자리를 유지하거나 창출하
려는 것이다. 그러므로 정부는 노동자를 대신해서 개입하며, 이는
실제로 회사를 소유한 사람이 누구인지 생각해보면 이상한 일이다.
노동자는 회사 소유자가 아니며 원하면 언제라도 회사를 그만둘 수
있다. 노동자는 자신이 서비스를 제공한 대가로 돈을 받는다. 따라
서 공동체에 개인적으로 투자한 요소(주택, 학교, 관계 등) 외에는 위험
을 무릅쓸 이유가 거의 없다. 한편 일부 경우에는 한 회사의 파산이
지역 사회의 재정 견실도와 자산 가치에 막대한 영향을 미치기도
한다.

이런 점을 고려해보면 정부가 기업 문제에 나서서 중재하는 목
적은 해당 기업에 직접 관련된 사람을 대변하려는 것이 아니라는

결론이 나온다. 오히려 정부가 개입하는 목적은 기업에서 나오는 세금 수익은 물론이고 노동자들이 소유하고 사용하는 물적 자산의 가치를 보호하기 위해서다. 예를 들면 정부가 GM을 구제한 이유는 사람들이 GM 자동차를 좋아하거나 정책 입안자들이 GM 소유자를 불쌍하게 여겨서가 아니다. 사실 정책 입안자들의 목적은 유권자들이 집을 잃지 않게 하고, 표밭을 확고하게 해주며, 세금 수익을 보장해줄 도시와 건물과 사업을 살려두려는 것이다.

이런 목적은 기업 자산이 대상이 되면 적용하기 어려워진다. 이런 자산은 대부분 이동시킬 수 없다. 그래서 경제생태계가 자원을 다른 업계나 지역으로 이동시켜 사람들이 이 경제 변화를 따라 이동하면 물적 자산은 적어도 일시적으로는 비어 있게 되고 수익이 창출되지 않는다. 그리고 잘 생각해보면 주지사와 의회 의원은 건물과 아주 비슷하다. 지역구에 속한 주민은 행복을 극대화하려는 일상적 노력의 일환으로 해당 주에서 다른 주로 이사 가기도 하지만 의회 의원은 자신이 선출된 지역구를 마음대로 바꿀 수 없다. 회사가 파산해서 복구되지 못하면 그 지역구에 속한 정치인은 텅 빈 상점과 버려진 빌딩처럼 그저 유물이 돼버린다.

그러나 이 불행한 이야기에서 기운을 북돋아주는 점은 정책 입안자도 우리와 똑같은 인간이라는 점을 보여준다는 것이다. 정치인은 유용성 극대화주의자이고 자신들의 상황을 뒷받침해줄 최선책을 나름대로 실행한다.

나는 파산한 기관을 보조해주려고 노력하는 정책 입안자는 헛다리를 짚은 것이라고 본다. 무너져버린 과거 잔재를 복구하는 것보다 혁신을 조장하는 편이 훨씬 낫다. 일부 주가 다른 주보다 지속적으로 앞서가는 것은 사업가와 양질의 노동력 덕분이다. 한때 승승장구했지만 현재 상태가 안 좋아진 회사에 애착을 가지고 회생시키려 노력하는 것은 여러 면에서 문제를 키우는 꼴이 된다. 앞서 말했듯이 회사는 우연히 생기며 대체로 수명이 제한돼 있다. 회사에 너무 결사적으로 매달리는 것은 의미가 없다. 이런 행동은 창조적 파괴 과정을 지연시키는데다 자본이 가장 유용하게 사용되도록 돕는 경제생태계 법칙을 방해하는 것이다.

그 대신에 정책 입안자는 사업가와 투자자가 해당 주에 특별히 호감을 갖는 사업을 지원하고, 재능이 있고 창조적인 노동자를 양성하는 교육을 하며, 시간이 흐르면서 변화하는 기호와 기술에 따라 회사가 탄생하고 번성하고 사라지도록 환경을 조성하는 데 주안점을 두는 편이 낫다. 이런 방법으로 주민과 높은 자산 가치를 원래 상태로 유지할 수 있을 것이다. 그러나 정책 입안자가 이런 점을 제대로 이해하려면 먼저 경제생태계를 제대로 파악해야 한다. 경제생태계가 작용하는 과정과 자원을 최고로 활용하는 방법과 모든 사람이 행복을 극대화하도록 돕는 방법을 인식해야 하는 것이다. 반면 죽어가는 회사를 받치고 있는 것은 전혀 생산적이지 않다. 우리가 시신을 매장하는 데는 다 이유가 있다.

번성과 퇴락

회사는 인간의 창조물이다. 회사는 인간이 사리사욕을 바탕으로 만든 관계다. 사람은 모두 행복을 극대화하려고 한다. 많은 사람이 이를 위해 회사를 세우거나 회사에 투자하거나 회사에서 일한다. 사람들이 기꺼이 교환하려 하는 제품과 서비스를 생산하지 못하는 회사는 오랫동안 살아남을 수 없다. 따라서 자본을 보유하지 않은 소비자도 이 방정식의 일부가 된다. 물론 우리는 이런 관계가 평생 지속되기를 바라지만 사실 그런 기대를 가져서는 안 되며 관계가 무너진다고 해서 불쾌해해서도 안 된다. 이런 관계는 훨씬 개선된 상태로 발전하는 기나긴 과정 중 한순간에 불과하다.

예를 들어 기술은 끊임없이 변한다. 일부 회사는 유연하고 적극적으로 신기술에 발맞춰 발전하지만 그렇지 못한 회사도 있다. 많은 회사가 처음에 내놓은 훌륭한 제품이나 서비스로 두각을 나타내지만 첫 제품을 향상하려는 바람을 안고 다른 회사와 경쟁하다가 산산이 무너져버린다. 많은 사람이 한때 아타리 2600 4(Atari 2600 4 Switch Woodgrain System, 1970년대 후반에 등장해 최고 비디오 게임기로 군림—옮긴이)에 열광했지만 이 게임기는 닌텐도(Nintendo NES 101 Top Loader)가 등장하면서 사라져버렸다. 이는 개선된 기술을 활용해 유용성을 극대화하는 일환이었다. 정책 입안자가 크라이슬러나 GM을 구제하려고 반복적으로 노력을 기울이는 것처럼 아타리도 구제하려고 했다고 상상해보자. 적어도 아타리의 경우에 이는 어리석은 노력이었을 것이다. 만일 정책 입안자가 실제로 그런 노력을 했다면 우리는 아직도 1980년대에 나온 스페이스 인베이더스(Space Invaders) 게임을 하고 있을 테니 말이다. 그러니 현재 경영이 어려운 자동차 제조업체를 경쟁사로부터 보호하려고 노력한다고 해서 과연 미래에 조금 더 나은 자동차가 나오리라는 보장이 있는가 하는 의문이 들 것이다.

브랜드는 중요하다. 회사도 중요하다. 그러나 가장 중요한 것은 사람이다. 가치를 창출하는 요소는 인간의 수명이다. 물론 훌륭한 브랜드와 그 브랜드를 지닌 회사는 가치를 거둬들이는 과정에서 큰 부분을 차지한다. 그렇지만 브랜드의 인기가 떨어지면 부의 총계를 늘리는 역할이 훨씬 미약해진다. 회사나 브랜드를 영원히 존재하는 신인 양 떠받들면 안 된다. 이보다는 인간의 협력과 사업정신으로 이루어낸 뛰어난 업적으로 여겨야 한다. 그리고 대체로 한 회사가 실패하면 다른 회사가 성공한다는 점을 깨달아야 한다.

회사는 한순간이지만 경제생태계는 영원하다. 특정한 회사에 기울이는 관심(애착이든 혐오이든)보다 더 많은 관심을 경제생태계에 쏟아야 한다. 회사가 존재하는 이유는 아이디어와 자본과 노동력을 결합하는 장려책을 경제생태계가 제공했기 때문이다. 경제생태계는 사회 환경이라는 점을 명심하자. 그리고 환경이 무엇인가(예를 들어서 공룡이나 AIG)를 멸종시키려 한다면 우리는 여기에 이의를 제기하면 안 된다). 영화 〈쥬라기 공원(Jurassic Park)〉이나 〈프랑켄슈타인(Frankenstein)〉에서 환경의 뜻을 거스르려다가 발생한 결과가 기억나는가?

6

정책의 어리석은
속임수

정부라는
존재

　이쯤에서 모두 알면서도 외면하는 문제를 파고들어가 보자. 정부와 경제에서 정부의 역할을 살펴보려는 것이다. 이 책에서는 지금까지 사회의 놀라운 생물권, 즉 경제를 설명했다. 그리고 경제가 대체로 시장 가격을 통해 장려책을 제공해 우리 삶을 이끄는 과정을 설명했다.

　이런 장려책은 우리가 가진 정보와 능력 한도에서 가능한 한 최선의 결정을 내리도록 돕는다. 그렇다면 이 모든 것은 텔레비전 방송에 출연해서 은행을 즉시 구제하는 방안이 그 주까지 통과되지 않으면 경제가 기능을 멈출 것이라고 세상의 종말을 경고한 전 재무부장관 행크 폴슨(Hank Paulson)과 연방준비제도이사회 의장 벤 버냉키(Fed Ben Bernanke)와 무슨 관련이 있는가? 미국 정부의 승인 아

래 발표하는 불안과 고뇌에 빠진 재무부장관의 관점은 경제생태계
를 상상할 수 없을 만큼 커다랗고 완벽한 체계로 보는 다소 자유로
운 관점에 어떤 면에서 들어맞는가?

안타깝게도 잘 들어맞지 않는다. 그러나 정부의 존재 자체를 부
정할 수는 없는 법이다. 그러니 이 점을 살펴보자.

내가 냉소적이 된
이유

정부는 흥미로운 독립체다. 정부를 분석하기에 앞서 일단 정부가 존재한다는 점을 인정하고 넘어가야 한다. 정부는 존재한다! 정부는 전 세계에 존재하며 유사 이래 계속 존재해왔다. 모든 사회는 거의 항상 정부를 만든다. 따라서 시민은 정부를 필수적인 존재이자 유익한 존재로 생각해야 한다. 그렇지 않으면 시민은 정부를 만들지도 지지하지도 않을 것이다.

그렇다면 정부는 무엇에 유익한가? 다시 말하면 정부는 무엇을 달성하려고 만들어졌는가? 오늘날 이는 복잡한 질문이다. 정부는 우리 삶의 거의 모든 면에 영향을 미친다. 정부는 세금을 부과한다. 규제하고 판정을 내린다. 설득하고 설교한다. 분배하고 재분배한다. 공격하고 방어한다. 어려움에 처한 사람을 붙들어준다. 그리고 잘살고 있는 사람을 무너뜨린다. 정부 역할에는 끝이 없는 듯하다. 정부는 모든 문제의 해결책이다. 그리고 정부가 내놓은 해결책에서 의도치 않은 문제가 불가피하게 유발될 때 그런 문제의 해결책 역시 정부다. 어쨌든 정부는 존재하며 한 가지 목적을 위해 존재해야 한다.

이런 이야기가 냉소적으로 들리는가? 그럴 수도 있을 것 같다. 그 점에 대해 사과한다.

오늘 내 심리상태와 내가 이런 냉소적 감정에 물든 이유를 설명해보겠다. 어제 나는 뉴욕과 워싱턴을 오가는 아셀라 익스프레스(Acela Express)를 탔다. 동해안에 자리 잡은 주요 도시를 다닐 때는 비행기를 타는 것보다 훨씬 쾌적하고 편리하기 때문에 나는 이 열차의 열렬한 팬이다. 워싱턴 DC-뉴욕-보스턴 구간을 운영하는 아셀라는 많은 사업가와 정치인이 선호하는 운송 수단으로 자리 잡았다. 나는 윌밍턴에서 워싱턴 DC까지 열차를 타고 통근하는 것으로 유명한 부통령 조 바이든(Joe Biden)을 이 열차에서 만난 적도 있다.

아셀라에서 흥미로운 면은 많은 승객이 무리를 지어 객실 탁자 주변에 앉아 있거나 일하다보니 어쩔 수 없이 그들의 말소리가 들린다(승객이 없는 객실이 아닌 한)는 점이다. 어찌 보면 시끄러운 음악이 없는 술집과 비슷하다. 그들의 대화에 귀를 기울이다 보면 미국 동부 연안의 경제와 문화에 대해 알아둬야 할 사항을 다 듣게 된다.

나는 몇 년 전에 비교적 젊은 사내의 말을 들은 일이 생생히 기억난다. 그는 최근 의대를 졸업했다고 이야기했으며, 직접 개설해서 운영 중이던 몇몇 헤지 펀드와 데이트 중인 러시아 출신 여러 모델과 테니스 선수에 대해 큰 소리로 불평을 늘어놓았다. 바로 그 순간 나는 호황을 누리던 헤지 펀드에 문제가 생겼다는 사실을 직감했다. 러시아 '모델'들과 연쇄 데이트를 즐기는 제멋대로인 의학박사들은 위험성이 높은 방식으로 돈을 관리하면 안 되는 법이다.

아셀라 열차에서 토론되는 주제는 당시 주요 경제 사안에 따라 항상 변한다. 몇 년 동안 관심사가 닷컴 회사에서 주택 문제를 거쳐 헤지 펀드, 구조화 금융상품에 이어 생명공학으로 바뀌더니 최근에는 연방준비제도이사회의 긴급 구제와 경기 부양 자금 회수가 주제로 떠올랐다. 그리고 내가 이렇게 약간 냉소적으로 바뀌게 된 것은 어제 우연히 들은 이야기가 있어서 그렇다. 내가 이 장을 집필하는 현재 부실자산구제프로그램(TARP), 기간자산담보대출(TALF), 민관합동투자프로그램(PPIP), 경기 부양 법안, 일괄 지출 법안을 비롯해 난무하는 각종 비상 프로그램이 실행되고 있다. 그리고 어제 아셀라 열차에서 화두로 오른 주제는 딱 하나였다. 어제 주제는 정부가 경제에 쏟아내려고 계획 중인 수십억 달러 가운데 일부라도 받아낼 작정으로 정부 관료와 만날 계획을 준비하고 있다는 것이었다. 내가 앉은 자리에서는 대체 에너지 회사와 의료 연구 회사와 국제 비영리단체 관계자가 하는 이야기가 들렸다. 국제 비영리단체는 아주 대규모인데다가 존경받는 곳이지만 이 단체 대표로 국회 의사당에 출입하는 책략가 무리가 열차에서 하는 이야기를 듣고 그간 품었던 존경심이 싹 사라져버렸다.

열차에 탄 사람들 중에서 그 무리와 어울리지 않는 유일한 사람은 통통하고 얼굴에서 약간 빛이 나는 30대쯤 된 한 직원이었다. 그는 휴대전화로 통화 중이었으며 자신과 친구가 돈을 조금씩 기부할 계획이라면서 어느 단체로 보내야 좋을지 의논하였다. 다들 대충 예상했겠지만 기부금 규모는 수천만 달러에 이르렀다. 그는 스스로 아주 대견하게 여겼다. 순간 내 머리에 떠오른 유일한 생각은 그 돈은 그 가치를 창출한 사람들이 다른 곳에 쓸 수도 있었을 시간과 에너지를 의미하는데, 이제 이 젊은이와 동료들의 일시적 기분에 따라 돈의 흐름이 전환되겠다는 것이었다. 그 돈의 가치를 창출한 사람들은 정부가 세금으로 일부를 거둬들이거나 대출해줬을 때 참견할 권리가 전혀 없고 그 돈이 지출되는 방법에도 간섭할 수 없다. 그러나 통통하고 빛이 나는 청년은 어째 참견할 권리가 아주 많아 보였다. 사람은 지출하고 저축할 자금을 구할 가치를 창출해야 한다. 반면에 정부는 원하는 목적을 달성하려고 법의 효력을 이용해 돈을 국민에게서 강탈할 뿐이며 가치 창조를 할 필요성도 의무도 없다.

두말할 나위 없이 나는 열차에서 내릴 때 공공 정책의 현실에 기분이 나빴다. 안 믿을지 모르겠지만 돌아오는 길에 뉴욕 지하철을 탔을 때는 차라리 마음이 편했다. 정부가 경제 부양 프로그램으로 해결하려는 많은 문제가 뉴욕에서 시작됐지만, 지하철에는 다른 사람이 힘들게 일해서 벌어들인 봉급 일부를 차지할 희망에 젖어서 파워포인트로 프레젠테이션 자료를 다듬고 있는 사람이 하나도 없었다. 그저 다른 사람들이 가치를 인정할 제품과 서비스를 창출하려고 직장에 출근 또는 퇴근하거나 빨리 집에 가서 가족과 친구와 시간을 보내려는 사람들이 있었을 뿐이다. 내가 보기에 그 지하철에는 다른 사람을 이용하려는 전문 책략가도 없었다.

재산권 보호와
재산 재분배

주제에서 약간 벗어난 위의 이야기가 지금까지 이 장이 다소 냉소적인 어조로 서술된 이유를 이해하는 데 도움이 됐기를 바란다. 타인의 돈(원하는 대로 돈을 거두거나 빌려줄 권리가 있다고 여기는 독립체(즉 정부)가 타인에게서 거둬들였거나 타인을 대신해 빌려준 돈)을 앗아가는 것이 유일한 목적인 사람들과 몇 시간씩 열차를 타고 다니다보면 뭔가 아주 커다란 존재가 우리의 아름다운 경제생태계를 오염시키고 있다는 생각이 든다. 그러나 어쨌든 앞서 말한 대로 정부는 존재한다. 정부는 유사 이래 거의 항상 존재해왔다. 정부를 만들고 지원하고 유지하는 주체는 사람이다. 따라서 정부는 유익한 존재임이 틀림없다. 그리고 정부가 하는 일이 아주 다양하지만 달성해야 할 특별하고 가장 중요한 목적이 하나 있다. 정부가 완수할 진정한 권한은 단

하나다. 그것은 바로 재산권 보호다.

결국 정부가 존재하는 이유는 누군가 당신 집에 무단침입을 해서 당신 머리를 내려치고는 그 집이 자기 재산이라고 주장하지 않게 하기 위해서다. '정부가 그런 역할을 해줄 필요가 없다. 내 재산을 스스로 지킬 수 있다!' 라고 생각하는 사람이 있을 것이다. 아니면 적어도 '내 재산을 지켜줄 사람을 고용하면 된다' 라고 말하는 사람도 있을 것이다. 맞다. 그럴 수도 있다. 그러나 모두 자기 재산권을 보호하려고 보안 요원을 고용해 무력을 사용한다면, 재산권 개념에 대해 다양한 생각이 난무해서 소말리아나 아프가니스탄 같은 나라에서나 영화 〈대부(Godfather)〉에서처럼 갈등이 끊임없이 일어날 것이다. 그러므로 모든 선진 사회는 단 하나의 재산권이 중요하다는 점을 결국 인식하고 재산권 법률 지침을 관리할 통합된 기구를 하나 두기로 합의하며, 그 기구가 바로 정부다.

이쯤에서 '우리 정부는 그보다 훨씬 많은 일을 한다' 라고 생각할 사람이 있을 것이다. 정부가 자동차 배기가스 배출 기준을 만든다는 점을 언급하는 사람도 있을 것이다. 맞는 말이다. 그러나 나는 그러한 배출 기준은 우리 모두 공유하는 공공재인 공기의 질을 보호하기 위한 것이라고 반론을 제기하고 싶다. 정부는 우리가 깨끗한 공기를 마실 권리를 보호하려는 것이다. 결국 우리의 재산권을 보호하는 셈이다. 또는 정부가 식품 안전 기준을 만든다는 점을 언급하는 사람도 있을 것이다. 맞다. 그러나 그러한 기준은 회사가 해로운 재료나 형편없는 품질로 우리 생명을 앗아가지 못하게 막기 위한 것이다. 그리고 경제생태계를 공부하면서 알게 됐겠지만 생명은 사람에게 가장 소중한 재산이다. 정부가 교육 기준을 만든다는 점을 언급하는 사람도 있을 것이다. 이 경우는 조금 확대 해석일 수도 있지만 적어도 고등학교를 나온 사람은 한밤중에 남의 집 창문으로 기어 들어가서 텔레비전을 훔쳐 나오거나 공공 재산을 파괴할 확률이 적다고 결론내리면 될 것이다. 공공재산이 파괴되면 해당 재산을 사용하지 못하게 되고 손상을 복구할 비용을 내야 하므로 모두에게 손해다. 그리고 돈이 많이 들어가는 국방은 어떤가? 이는 다른 나라가 침입해서 우리 물건을 빼앗아가지 못하게 하는 것이다. 이게 바로 정부가 하는 일이다. 정부는 절도에 해당하는 행위와 해당하지 않는 행위를 상세하게 열거한 법을 만들고 유지한다.

고상한 온갖 미사여구의 기본 핵심은 바로 재산권 보호다. 이는 정부의 유용한 목적이다. 사람들이 가치를 창조해서 자신과 가족을 부양하려고 경제생태계에서 일하는 상황에서 정부는 사람들이 노동의 대가로 받은 보상을 지키게 해주려고 존재한다.

유감스럽게도 정부는 종종 그 이상의 역할을 하려고 한다. 그리고 의도가 좋든 그렇지 않든지 간에 일반적으로 정부의 계획은 재산권 보호라는 가장 중요한 목적에서 벗어나면 계속 진행하거나 지지도를 유지하기가 힘들어진다. 노동조합에 유리하게 법률을 제정하거나(노동조합에 가입하지 않은 노동자나 투자자나 소비자에게 손해가 감) 부를 한 집단에서 다른 집단으로 이전하는 계획이 장기적으로 실패하는 데에는 이유가 있다. 이런 계획이 재산권 보호와 전혀 관련이 없기

때문이다. 그런데 정부는 재산권 보호보다 재산 재분배에 더 주안
점을 두고 있다. 결과적으로 그런 정책에서는 사기 기미가 느껴지
고 당연히 일부 사람은 격분한다. 더구나 그런 정책은 경제생태계
의 속성에서 벗어난다. 우리를 대신한다는 정부의 이런 활동은 정
작 효율성을 떨어뜨릴 뿐만 아니라 궁극적으로 의도하지 않았던 각
종 결과를 유발한다.

예를 들어 정부가 일부 제품의 생산이나 수입을 금지하면 해당
품목을 파는 암시장이 형성된다. 이런 비공식 시장에 관련된 사람
들은 법률이나 행동 지침에서 벗어난 범위에서 활동하므로 이처럼
어둠에 가려진 요소는 범죄를 저지르거나 다른 사람의 재산과 존엄
성을 침해할 수 있다. 금지된 품목과 이에 따른 범죄(해당 품목이 범죄
성이 있는 요소를 통해서 시장에 진출한 결과 일어날 가능성이 있는 범죄) 중에 무
엇이 더 나쁜지는 종종 사회가 고민하는 문제다.

정부는
불량아 넬슨이다

이런 설명을 하는 목적은 통치라는 주제를 심사숙고하게 하려는 것이 아님을 알아주기 바란다. 무엇보다도 나는 독자들이 정부를 경제생태계 내에서 활동하는 하나의 참가자로 생각하는 능력을 갖게 되길 바란다. 그러나 사회 곳곳과 전 세계에 퍼져 있는 사람과 건물과 장비와 법령과 조각상 등을 어떻게 파악할 수 있을까?

다행히 정부는 많은 개인으로 구성돼 있으며 이들은 정부 직원이다. 그리고 우리는 스스로 동기 부여 요소를 이해하듯이 그들의 동기 부여 요소도 이해할 수 있다. 정부를 구성하는 모든 개인은 유용성 극대화주의자이며, 경제생태계 내에서 장려와 보살핌을 받는다. 모든 공무원이 그 일을 하게 된 이유는 자신의 능력과 정보를 고려해볼 때 정부에서 일하는 것이 자기 행복을 극대화할 수 있다고 믿기 때문이다. 게다가 선거로 선출된 공무원들이 그들의 단골 말인 '국민의 심부름꾼' 으로 자기 직책을 지칭하는 순간에조차 그들은 모든 사람과 마찬가지로 유용성 극대화주의자다. 공무원이 그 자리에 있는 이유는 순전히 이기적 이유 때문이다. 그리고 이는 전혀 흉이 아니다. 그 이유가 사람에 따라 권력욕일 수도 있고 봉사 정신일 수도 있지만 이 모든 바탕에는 각자 개인적 의도가 깔려 있다.

그러므로 선거로 선출된 공무원과 그들의 직원 역시 모든 사람이 자기 상태를 유지하고 출세하려는 활동과 동일한 활동을 하는 게 당연하다. 공무원에게 이런 활동은 자신을 지원해주고 자금을 대주며 선거에서 표를 던져줄 사람들의 이익을 위해 정부의 많은 자원을 이동시키려고 노력하는 것일 수 있다. 이는 완전히 이치에 맞는 활동이다. 또 공무원은 그 일을 그만둔 다음을 염두에 두어야 하며, 이는 대체로 정부 인사와 맺은 친분을 활용하는 것을 의미한다. 이들은 종종 로비스트나 이사나 컨설턴트 같은 직업을 선택한다.

정부가 기웃들여서 지출한 어마어마한 돈을 생각해보면 개인의 관심사와 공공 재원 사이에 교두보 역할을 하는 능력은 사실상 중요하므로 그에 따르는 보상도 엄청나다. 더구나 이런 형태의 활동과 직업과 전략은 모두 경제생태계의 체계와 잘 들어맞는다. 사람들은 유용성을 극대화하기 위해 자신의 생산성을 가장 높일 수 있는 직업을 찾으려 한다. 이를 통해서 취미생활을 즐겁게 누릴 여가 시간을 갖는 동시에 필요한 제품과 서비스를 조달할 돈을 벌 수 있다. 영향력 있는 공무원 생활을 하다가 퇴직하고 민영 부문에서 봉급이 많은 직업으로 옮겨가는 수순은 지극히 타당하다.

그러나 여기에서 요지는 정치인의 개별 행복 추구를 고심해보자는 게 아니라 정부를 하나의 통합체로 생각하자는 것이다. 정부는 회사와 비슷하다. 그러나 정부는 회사와 달리 우연히 발생하지도 일시적인 순간 존재하지도 않는다. 회사는 소비자의 총애를 잃으면 아주 쉽게 파산한다. 그러나 가끔 쿠데타로 전복되는 경우를 제외하면 정부가 무너지는 일은 거의 드물다. 물론 선거를 통해 정치인이 바뀌고 정당이 바뀌긴 하지만, 독립체로서 정부는 여전히 남아 있다. 정부가 계속 남아 있을 뿐만 아니라 법률을 제정하고 기소하고 세금을 부과하고 소비하고 획득하는 권한에는 거의 영구적으로 변함이 없다. 회사는 일시적인 독립체이지만 정부는 거의 영원히 존재한다.

특히 정부의 수익원이 영구적이다. 모든 선진국에서 납세를 거부하는 행위는 불법이다. 그러므로 우리는 정부의 영구적인 고객이자 억류된 기부자다. 이렇게 보면 정부는 학교 운동장에서 몸집이 작은 아이들에게서 점심값을 뺏어가는 불량 학생이나 마찬가지다. 게다가 불량 학생은 점심값을 거둬들인 뒤 원하는 대로 그 돈을 쓴다. 마찬가지로 정부는 한도가 없는 신용카드를 가지고 있는 사람 또는 갈취할 얼간이가 수도 없이 많은 사람처럼 행동하면서 원하는 대로 지출하고 소비한다. 그런지라 나는 정부가 덩치가 큰 사람, 이를테면 원하는 것을 얻는 방법을 아는 몸집이 아주 큰 불량 학생이

라고 생각한다. 이런 맥락에서 정부 이미지를 만화 〈심슨 가족
(Simpsons)〉에 나오는 불량아 넬슨의 거인 버전으로 상상하기를 좋
아한다.

이 상상은 내 생각과 딱 들어맞는다. 나는 정부가 사악하다고 생
각하지 않는다. 그리고 〈심슨 가족〉에서 넬슨은 여린 면을 확실히
보여주며 때로 거의 공감이 가는 인물로 등장한다. 그렇긴 하지만
넬슨이 밀하우스의 점심값을 갖고 싶어 하면 밀하우스는 그 돈을
줘야만 한다. 이런 힘 덕분에 넬슨은 무엇이든 마음대로 할 수 있다.
자기 욕구를 충족하고, 설사 다른 사람을 짓밟아야 하더라도 개의
치 않고 자기 길을 간다. 그렇다. 정부는 사랑스럽지만 덩치가 크고
위협적인 넬슨의 거인 버전이다. 여담으로 하는 이야기인데, 넬슨
을 적으로 삼지 않는 게 좋다. 일반적으로 넬슨이 시키는 대로 하는
편이 안전하다.

경기 부양책의
속뜻

우리 친구 넬슨, 즉 정부는 우리가 경제생태계가 전하는 메시지를 마음에 들어 하지 않을 때 경제생태계를 '조정' 해서 우리를 도우려고 노력하기는 한다. 때로 이는 경제침체기에 경기를 조정하는 프로그램, 즉 '경기 부양책' 의 형태를 띤다. 여기에는 정부 기관이 관리하는 재정 정책과 (일반적으로) 덜 정치적인 연방준비제도이사회가 관리하는 통화 정책이 있다. 연방준비제도이사회는 산하에 있는 연방공개시장위원회(FOMC)를 통해 경기 조정 정책을 시행해서 잠재력 이상으로 올라간 성장률을 억제하거나 저조한 성장률을 끌어올리려 한다. 일반적으로 금융 시스템에 돈을 투입하거나 철수하면서 단기 이자율 조정을 목표로 삼으며 이는 기본적으로 대출이 가능한 자본의 가격과 규모에 영향을 미친다. 최근에 연방준비제도이

사회는 활동 영역을 확대해 그야말로 모든 분야에 관여하기 시작했다. 이제 연방준비제도이사회의 대차대조표는 금융 위기 상황에서 더 큰 유동성을 불러일으킬 수 있다고 여겨지는 온갖 금융 수단을 모아놓은 저장소가 됐다. 이 책을 쓰고 있는 현재로는 이런 흔치 않은 전략이 일시적으로 끝날지 통화 정책을 실행하는 새롭고 영구적인 모형이 될지 불확실하다.

최상의 상태에서 연방준비제도이사회는 정부의 행정부와 입법부에서 독립적인 존재로 공정하고 엄격한 태도를 취한다. 연방준비제도이사회는 시대와 정권 책임자에 따라 흥하기도 하고 망하기도 한다. 많은 정치인과 연방준비제도이사회의 몇몇 의장은 이 기구의 전통적이고 비정치적인 역할을 진정으로 믿지 않는다는 점을 몸소 보여주었다. 예를 들어 카터가 대통령이던 시절에 윌리엄 밀러(William Miller)가 의장을 맡은 연방정부은행은 행정부의 대변자처럼 활동하며 아주 심각한 부작용을 낳았다. 조지 W. 부시 대통령 시절에 앨런 그린스펀(Alan Greenspan) 의장은 세금 삭감 같은 정치 문제 때문에 국회에서 증언했다. 버냉키 의장은 부시 대통령 집권 후반에 행정부와 밀접하게 발을 맞췄으며 오바마 정부에서는 행정부와 협력하고 있다. 이들과 완전히 상반됐던 폴 볼커(Paul Volcker) 의장은 '지옥에서 봅시다!' 형태라고 이름 붙일 만한 통화 정책을 실시했다. 그는 물가 안정을 회복하려는 목표 아래 경제는 물론이고 카터 대통령이 바라던 재선 꿈을 완전히 무산시켜버렸다. 그러나 현재 볼커는 정치적 영향력에 전혀 개의치 않았던 전설적인 의장으로 존경받고 있다.

경제생태계를 사랑하는 사람의 관점에서 볼 때 통화 정책의 좋은 점은 무차별적이라는 것이다. 딱히 누구에게 특혜를 주거나 주지 않거나 하는 경향이 없다. 게다가 연방준비제도이사회의 주요 목적이 가격 안정, 즉 가치의 저장고인 화폐를 보호하도록 감독하는 것이라면 이는 모든 사람에게 이득이 된다. 우리는 일반적으로 모아둔 수입을 화폐나 화폐로 액수를 매길 수 있는 자산으로 저장한다. 연방준비제도이사회의 주요 존재 이유가 우리가 힘들게 일해서 벌어들인 통화를 부의 안전한 저장수단으로 만들려는 것이라면 이는 모든 사람에게 도움이 되고 경제생태계를 더욱 효율적으로 만든다. 그러니 통화 정책은 좋은 것이다.

이를 제쳐두고라도 일반적으로 통화 정책은 경제 주기를 관리하는 가장 효율적인 방법으로 인정받는다. 그러나 나는 이 점을 완전히 확신하지 못하겠다. 연방준비제도이사회는 경기 주기를 아직 확실히 없애지 못했다. 여전히 호경기와 불경기가 존재하는 것이다. 더구나 통화 정책의 효율성을 '입증'하는 점에 관한 한 다소 미심쩍은 부분이 있다. 연방준비제도이사회는 경기가 호황이면 이자율을 올리고 경기가 안 좋아지면 이자율을 낮추는 과정을 반복한다. 이에 대해 많은 경제학자는 통화 정책에 따라 경기가 호전되고 나빠지는 인과관계가 형성된다고 생각한다. 나는 나 자신을 상당히 괜찮은 이론가이자 계량 경제학자라고 여기지만 이 점에 대해서는 그리 확신이 서지 않는다.

생각해보자. 경기가 호황을 맞아서 연방준비제도이사회가 이자율을 올리고 나면 거품이 꺼지고 경기가 둔화되거나 수축된다. 이자율 상승이 경기를 둔화시켰는가, 아니면 통화 정책은 그저 소극적으로 가세했을 뿐이고 경기 둔화에 전혀 효과가 없었는가? 이와 마찬가지로 연방준비제도이사회는 경기침체기에 항상 이자율을 낮춘다. 그러나 이자율이 낮은 이 기간에 외부 개입이 없으면 경제는 본연의 기능을 하고 불균형을 불러온 결과를 되돌려 필연적으로 다시 성장하기 시작한다. 경기 회복의 공로는 언제나 연방준비제도이사회의 낮은 이자율에게 돌아간다. 그러나 나는 이를 인과관계로 보는 이유를 이해하지 못하겠다. 이런 정책은 상황 때문에 소극적으로 개입됐을 뿐이다. 이런 말을 해서 미안하지만 나는 모든 공로를 경제생태계에게 돌린다!

경기 주기를
통제하는 신

나는 태양신이다! 내가 이를 어떻게 아는지 궁금한가? 내가 이를 아는 이유는 내가 바로 태양신이기 때문이다! 나는 태양을 조종하는 존재이니 모두 내 앞에 무릎을 꿇어라! 나는 매일 아침 태양이 뜨기 전에 일어난다. 커피 한 잔을 들고 창밖을 바라보며 태양을 불러내는 마법 주문을 외우면서 춤을 춘다. 그러면 어김없이 태양이 떠오른다. 이제 알겠는가? 나는 태양을 조종한다. 모두 나에게 절을 하라!

진심으로 하는 말인데, 연방준비제도이사회가 경기침체를 피하거나 끝낼 수 있는 힘을 지녔다고 믿는 사람은 내게 태양을 조종하는 힘이 있다는 말을 믿는 것이나 마찬가지다. 통화 정책과 경기 주기의 연관성은 태양 의식과 일출의 연관성과 동일하다고 보면 된다. 그러니 둘 사이에 인과관계가 있다고 추정하고 통화 정책이 경기 주기를 통제한다고 결론 내리는 사람은 마찬가지로 매일 아침 태양이 뜨는 이유는 내가 일출 의식을 하기 때문이라고 결론 내려야 한다. 설마 내 일출 의식 때문에 태양이 뜬다고 결론 내릴 사람은 없을 것이다.

그렇지만 인플레이션의 위험성에 주의하면서 이자율을 책정하는 한 통화 정책 자체로는 해가 될 게 없다고 본다. 그리고 아주 중요한 점을 덧붙이면, 독자나 나와 달리 수많은 사람이 경제생태계의 존재와 우리가 자활할 수 있도록 장려책을 조종하는 경제생태계의 능력을 믿지 않는다. 이런 사람들은 그저 회색 양복을 입고 나이가 많은 현명한 중앙 은행장들이 워싱턴에 있는 거대한 대리석 건물에 모여 경제를 조종한다고 믿는 게 마음이 편할 것이다. 이 은행장들은 기본적으로 현대판 사제다. 단 동물을 제물로 바치는 대신 이자율을 정하는 일을 한다. 나는 사람들이 차라리 자기 자신과 자동 수정·자동 설정 능력이 있는 경제생태계를 믿는 것이 더 낫다고 생각힌다. 그러니 이자율에 대해 방언을 늘어놓는 회색 양복 차림의 노인네들 덕분에 사람들의 기분이 나아진다면 어찌 감히 내가 그 관계를 망치겠는가!

재정 정책이란 무엇인가

통화 정책보다 더 우스우면서도 걱정되는 부분은 재정 정책이다. 재정 정책은 무엇인가? 재정 정책은 선출직 공무원들이 국민을 대신해서 경제를 바로잡으려고 국민이 낸 엄청나게 많은 돈을 지출하는 행위를 말한다. '이 사람은 돈이 너무 많군. 저 사람은 돈이 부족하네. 그럼 이 사람에게서 돈을 거둬들여 저 사람에게 줘야겠다.' '이 업계에는 자본이 부족하니 저 업계에서 돈을 거둬 이쪽에 지원해야겠군'이라고 결정하고 나면 '경제가 바로잡혀서 침체기가 끝난다!'는 식이다.

재정 정책과 관련해 널리 퍼져 있는 몇몇 이론이 있다. 이 중 대부분이 경제 상황에 따라 부각되거나 인기가 시들해지는 경제학자 존 메이너드 케인스(John Maynard Keynes, 완전고용을 실현해서 유지하려면 정부의 보완책이 필요하다고 주장—옮긴이)의 저서에 바탕을 두고 있다. 경제가 불안정해져 정책 입안자가 뭔가 대책을 세워야 한다는 목소리가 거세지면 반드시 케인스 경제학이 다시 햇빛을 본다. 케인스 학파의 주장을 요약하면, 케인스는 자유방임주의로는 경제가 완전고용 상태로 돌아갈 수 없다고 여겼다. 그는 경제가 최적의 수준보다 한참 낮은 성장 속도에 도달할 여지는 있다고 믿었다. 그러자면 현명한 사람들로 구성된 의회가 경제 상황이 정점에 달하게 할 방법으로 자본을 재분배해야 한다고 생각했다.

전 세계적으로 좌경 성향이 있는 정당은 케인스 학설을 지지하는 경향이 있다. 주로 이런 정당은 현명한 사람들이 모인 의회를 구성하려고 노력하기 때문이다. 그러나 오늘날 우익조차도 경제 위기에는 느슨한 통화 정책과 더불어 '국가 재정 부양책'이 필요하다고 생각하는 경향이 있다. 그 결과 완전히 정반대인 경제 이론이 위태롭게 뒤섞인 이론이 탄생했다. 케인스와 밀턴 프리드먼(Milton Friedman, 자유방임주의와 시장제도를 통한 자유로운 경제활동을 주장한 미국 경제학자—옮긴이)이 무덤에서 탄식할 일이다. 재정 부양책을 지지하는 학파의 창시자와 통화 부양책을 지지하는 학파의 창시자는 어떻게 해도 서로 어울릴 수 없다. 그러므로 두 사람의 학설을 연달아 사용하는 것은 어슬렁어슬렁 술집에 들어가서 진과 우유(진토닉이 아니라)를 같이 주문하는 것이나 마찬가지다.

이론상 문제는 그렇다 치고 경제에 각종 피해가 생기는 이유는 대체로 정치 자체의 문제 때문이다. 정부는 〈심슨 가족〉에 등장하는 불량아 넬슨의 거인 버전이라는 점을 명심하자. 즉 덩치가 크고 사랑에 굶주렸으며 의도는 좋지만 대체로 잘못된 정보를 가지고 있는 불량아라고 보면 된다. 정부는 규모와 범위가 워낙 크기 때문에 무엇을 하든지 간에 대단한 결과를 가져오며 전 체계에 영향을 미친다. 정부가 경제에 개입하면 경제생태계의 법칙에 따르지 않는 외부 세력이 경제생태계로 들어온 셈이다. 이 결과로 파문이 일어나게 된다. 1978년에 개봉한 영화 〈우주의 침입자(Invasion of the Body Snatchers)〉의 내용을 떠올려보면 상황을 이해하기 쉬울 것이다. 도널드 서덜랜드(Donald Sutherland)와 레너드 니모이(Leonard Nimoy)가 출연하는 이 영화에서는 인간을 그대로 복제해 정신을 장악하는 외계생명체가 세상을 종말로 몰고 간다. 영화는 그렇게 끝을 맺지만 나는 원제에 나오는 시체도둑이란 말과 경제생태계의 법칙을 감안해보면 외계침입자들은 혁신이 결여되어 결과적으로 몹시 지루해지고 생활수준이 떨어질 것이라고 예상한다.

재정 정책의 또 다른 문제는 통화 정책이 대체로 경제 전반을 침해하는 것과 달리 재정 정책은 일부를 집중적으로 침해한다는 점이다. 재정 정책은 종종 중요한 특정 유권자 집단 또는 적어도 경제를 활성화해야 한다고 여겨지는 일부 지역을 대상으로 삼는다. 지난 10년 동안 실행됐던 다양한 세금 상환과 경기 부양 자금이 이 경우에 속한다. 정부는 저소득층과 중간소득층에게 우편으로 수표를 보낸다. 그리고 그 수표가 경제 활동의 물꼬를 터줄 것이라고 기대한다. 그러나 수표는 수표의 액면가와 거의 같은 세금을 내거나 텔레비전을 사는 데 쓰인다. 한 집단(연방 정부 대출의 경우에는 한 세대)에서 다른 집단으로 돈이 이전된 것뿐이다. 과연 이 과정에서 부가가치가 발생하는가? 굳이 찾아보려 할 필요도 없다. 부가가치가 아예 없으니 말이다. 앞에서 설명했듯이 부를 창출하는 유일한 방법은 가치를 부가하는 것이다. 돈을 한 집단에서 다른 집단으로 옮기는 것이 부를 창출하는 수단이라는 발상에 정치계가 전적으로 동의하게 된 이유를 도무지 알 수 없다.

재정 부양책 가운데에서 흥미로웠던 조치가 또 하나 있다. 2003년에 시행된 고용 및 성장 조세감면법(Jobs and Growth Tax Relief Reconciliation)이 기억나는가? 당연히 기억이 안 날 것이다. 이는 조지 W. 부시가 9.11 사태 이후 일어난 경기침체에서 벗어나려고 내놓은 부양책이다. 사실 이 부양책에는 지금까지 적용되는 몇몇 세율의 감소를 비롯해 괜찮은 조치가 꽤 있었다. 그러나 연방정부의 부채가 늘고 있다는 점을 고려해보면 이 조치의 미래가 그리 밝아 보이지 않는다. 그럼에도 이 조치를 거론한 이유는 아주 어리석은 부양책이 내재되었기 때문이다. 이는 일시적인 가속 상가과 자본 투자비 증가를 위해 시행됐다. 그럴 듯해 보이지 않는가? 기본 발상은 회계 규정을 일시적으로 융통성 있게 완화하면 주요 장비의 주문이 늘어나 일자리가 창출되고 경제가 '회생' 되리라는 것이었다.

굳이 따지면 이 감면법은 어느 정도 효과는 있었다. 주요 장비의 주문이 늘어났다. 그렇다면 일자리 창출은 어땠는가? 답변하기 전에 주요 장비의 역할을 먼저 생각해보자. 컴퓨터와 기계와 제조 로

봇 등은 솔직히 노동력의 대체물이다. 자본을 투자하면 기술을 활용해서 결과적으로 노동력의 생산성을 높인다. 따라서 사실상 이런 장비들은 얼마 지나지 않아 노동력을 추가할 필요성을 감소시킨다. 그러니 이 부양책은 실제로는 생산 과정에서 노동 요소를 감소시키는 장려책이었을 뿐이며 '고용이 없는 경기 회복'의 주요 부분으로 후세에 영원히 기억될 것이다. 물론 이 조치가 고용이 없는 경기 회복의 유일한 원인은 아니다. 중국과 인도로의 아웃소싱과 정보 기술의 향상은 이 조치 유무와 상관없이 어쨌든 일어났을 것이다. 그렇지만 생각해보자. 고용을 빠르게 늘려야 한다고 해서 무작정 뛰쳐나가 노동력을 절약해주는 장비를 사들인다는 발상은 애초부터 말이 안 되는 것이었다.

재분배를 통한
'공정성' 추구

재정 정책은 대부분 균형을 이루도록 자본을 재분배하려는 목적을 지니며 이는 경제 성장을 다시 촉진하거나 적어도 핵심 지지자들의 구호에 맞도록 악화된 경제를 개선하긴 한다. 재분배는 사람 대 사람, 산업 대 산업, 세대 대 세대에서 온갖 방식으로 이루어진다. 통화 정책의 완화 역시 저축하는 사람이 받는 이자 수익을 이동시켜서 돈을 빌리는 사람에게 이자 지불 인하라는 혜택을 준다. 경제학자들이 좋아하는 말대로 세상에 공짜는 없다! 정부 정책은 부를 창조하는 직접적인 요소가 아니다. 따라서 정책은 다른 쪽에서 부를 가져와서 선호하는 쪽에 준다.

때로 상황이 거의 기이해진다. 예를 들어 최근 실시한 일부 은행과 미국 자동차 제조업체의 긴급 구제를 살펴보자. 한 회사의 경영

상태가 열악해져 소비자나 대출 기관이나 투자자가 자본을 빼내는 벌칙을 내리면 정부는 그 회사에 돈을 투입해 벌칙을 무효로 돌린다. 자동차 제조업체의 경우 구매자들이 일부 브랜드를 구매하지 않기로 선택하면 연방 정부는 판매 부진을 만회해주려고 납세자의 돈을 해당 자동차에 투입한다. 그러고 나면 이런 조처의 정당성을 설명하는 변명이 상세하게 나온다. 파산하기에는 규모가 너무 크다거나 체계상 위험성이 있다거나 자동차 제조업체의 관리 문제에 영향을 미친 정상을 참작할 만한 상황이 있다는 등 다소 의심스러운 논쟁이 일어난다. 아무리 그래도 경제생태계는 전체로서 모든 대중의 생산성을 최대한 높이려고 활동도가 가장 높은 곳으로 자본을 냉혹하게 이동시킨다. 따라서 자본을 재분배하는 재정 정책은 강물의 흐름을 거스르려는 것이나 마찬가지다. 비용이 많이 들면서도 딱히 유용하지 않으며 대부분 성공할 확률이 희박하다.

이보다 자주 실행하는 조치는 돈을 한 인구 집단에서 다른 인구 집단으로 이동시키는 프로그램이다. 대체로 이런 조치는 저축하는 사람과 투자자에게 가혹한 반면에 소득 대비 지출 비율이 더 높은 사람들을 편애한다. 이런 사람은 경제가 어려운 시기에 가욋돈을 사용할 수 있지만 진정한 완충장치가 없으므로 결국 수입이 중단되거나 줄어든다. 실업 보험같이 이미 정착된 프로그램은 수입의 공급을 지속하려는 활동에서 훌륭한 발판이 된다. 소득을 펑펑 써대는 소수 사람들이 광범위하게 지원받는 이유는 모든 사람이 공동 자금을 지불하는 덕이다.

다른 프로그램은 그리 달갑지 않다. 이런 프로그램은 주택 압류를 완화하려고 세금을 사용하거나 일부에게 보조금을 주려고 세금 규정을 변경하는 식이다. 예를 들어 나는 세금 규정이 자녀가 있는 사람이나 주택 대출을 많이 받은 사람에게 혜택을 주게 돼 있는 이유가 항상 궁금했다. 정부는 자녀가 없는 세입자를 싫어하는 것일까? 그렇지는 않을 것이다. 더구나 어린이들이 공공 서비스를 이용하므로 오히려 자녀가 있는 부모는 세금을 더 내야 하지 않을까? 대출받는 부모들에게 불만이 있어서 하는 말이 아니다. 그저 명백한 불공평을 지적하는 것일 뿐이다.

이런 항목은 지속적으로 세금 규정에 추가되지만 요즘과 같은 시기에는 편애하는 납세자에게 추가 혜택을 주는 감미료를 첨가한다. 당신이 이런 혜택을 받는다면 행복한 일이겠지만 혜택을 못 받으면 불행할 것이다. 어쨌거나 이는 핵심에서 벗어난 부분이다. 중요한 문제는 과연 이런 활동이 경제를 향상시키느냐다. 너무 많은 정책은 경제생태계가 이미 분배한 것을 재분배하기 때문에 경제를 도리어 비효율적으로 운영하게 할 위험이 있다. 그리고 이 점이 핵심이다! 경기침체가 결국 경기 회복으로 돌아서게 하려면 경제가 더욱 효율적으로 운영돼야 한다.

나는 경제학자로서 늘 약간 이상하다고 생각해온 점이 있다. 저축할 사람이 돈을 가지고 있게 하는 것보다 지출할 사람에게 돈을 주는 것이 낫다는 발상이 정치권의 공론으로 정착한 이유를 도무지 이해할 수 없다. 어떻게 해서 지출하는 소비자의 가치가 저축하는 소비자의 가치보다 훨씬 크다는 주장이 나올 수 있었을까? 어쨌든 그런 공론을 믿는 사람이 있기는 할까? 특히 은행의 자본 구성을 재편하고 대출 자금을 자유화하려고 노력하는 마당에 저축하려는 사람들에게서 돈을 가져가 지출하려는 사람들에게 주는 것이 대체 왜 더 낫다는 것일까? 일부 발상은 너무 어리석어서 그 발상을 고집하는 유일한 방법은 누구도 감히 의구심을 제기하지 못할 정론이 되는 것뿐이다. 경제생태계를 향상시키려는 의도로 마련한 공공 정책의 모든 점에 모두 나서서 의구심을 제기해야 한다고 촉구하고 싶다. 경제생태계 내의 균형을 증진하고 싶다면 경제생태계가 구속에서 벗어나 자연스러운 상태로 돌아가게 할 모든 행동을 취하기 바란다. 게다가 시장은 완전하다. 불완전한 것은 정보다. 시장의 결과물을 향상시키고 싶다면 정보의 질을 높여야 한다. 자금을 편애하는 산업이나 인구 집단으로 이동시키려고 규정을 끊임없이 변경하는 것은 사실상 정보를 흐려놓는 결과를 낳는다.

무역과 번영을
막는 장벽

경제가 어려움을 겪는 시기에 종종 거론되는 또 다른 정책은 무역 정책이다. 경제생태계는 무역, 즉 교환을 아주 좋아한다. 경제생태계에서는 모든 사람이 행복을 극대화하기 위해 자신의 시간과 재능을 다른 사람의 시간과 재능으로 교환한다. 경제생태계는 국경을 전혀 신경 쓰지 않는다. 모든 삶은 시간과 재능을 가지고 있으며, 이는 국적에 상관없이 모든 사람에게 이익이 되도록 사용돼야 한다.

그러나 다르게 생각하는 사람도 있고 거기에는 타당한 이유가 있다. 무역 때문에 사람이나 도시가 직업을 잃게 될 수 있는데 이렇게 되면 타격이 크다. 경제생태계는 이처럼 곤란한 결과물을 영구화한다. 이런 결과물이 전체로서 모든 사람의 삶의 질을 높여주기 때문이다. 그러나 전체가 아니라 개개인을 두고 볼 때 그런 향상은 유일한 밥줄이던 제조회사가 사라져버린 기존의 제조 노동자나 제조 도시가 겪는 절대적 손실과 비교하면 미미할 수 있다. 또 국가들의 관심사가 서로 다를 때 문제가 과장된다. 물론 각 국가는 종류가 다른 제품과 서비스를 제공하기 때문에 서로 다른 국가들끼리 교역함으로써 최고 이익을 얻는다는 점은 사실이다. 그러나 공해를 일으키는 산업과 낮은 임금을 묵인하는 수출국이 있다고 치면 미국의 규칙을 따라야 하는 미국 회사가 그런 외국 회사와 경쟁하기 어렵다고 항변하는 게 당연하다.

이는 좋은 지적이다. 그러나 이를 보는 다른 관점을 소개하겠다. 미국 땅에 사는 사람은 일정한 규칙에 따라 살기로 했다. 미국과 교역하는 많은 개발도상국은 기아 해결 등과 같이 원초적인 데 관심을 가지고 있는지라 이들이 선택한 규칙은 미국과 다르다. 설사 당신이 다른 나라의 노동 기준과 환경 기준이 마음에 들지 않는다 해도 어떻게 할 도리가 없다. 당신이 동의하지 않는 환경법과 노동법을 시행하는 국가에서 생산한 농산품과 공산품을 구입하지 않는 것을 제외하면 말이다. 그리고 그 정도 행동이면 훌륭하다. 나는 그렇게 선별적인 소비 형태가 적절하다고 생각한다.

그러나 고려할 점이 한 가지 있다. 다른 국가와 교역하는 제품을 생산하는 데 보조금을 지급하는 나라나 상당히 열악한 노동 환경이나 느슨한 환경 규정을 묵인하는 나라가 있다고 생각해보자. 이런 나라는 사실상 다른 나라의 소비 장려를 기꺼이 돕는 셈이다. 이 나라들이 그러는 이유가 무엇일까? 여기에는 완전 고용 상태 도달을 비롯해서 공통된 이유가 몇 가지 있다. 그러나 나는 장기적으로 볼 때 그런 이유가 전혀 타당하지 않다고 주장한다. 그런 나라들은 자신들이 창출한 가치를 스스로에게서 빼앗고 있으며 유용성을 제대로 산출하지 못하는지라 어려운 경제 상황이 지속된다. 반면에 그런 수출국들이 제정신을 차리지 않는 한 적어도 수입국 소비자에게는 이익이다. 수출국의 정책이 그리 현명하지는 않지만 그 덕분에 수입국의 국민이 자동차나 정원용 호스를 저렴하게 구입할 수 있다면 그런 제품을 구입할지 말지는 그들의 판단에 달려 있다.

그렇지만 무역의 흐름은 대체로 정책과 상관없이 변한다. 보조금이나 정치 공작이 없더라도 국가 간의 비교 우위는 시간이 지나면서 이동한다. 그리고 때로 일부 산업이 한 국가에서는 등장하고 다른 국가에서는 사라진다. 이는 경제생태계에서 자연스러운 부분이며 개개인이 생산성을 가장 높이 올릴 수 있는 일을 선택하기 때문에 발생하는 현상이다. 결국 직업과 산업이 자유롭게 이동하도록 허용되면 경제생태계는 생산성이 가장 높아지고 최대한 원활하게 운영된다. 반면에 자연스러운 이동을 막으려고 하면 압력이 쌓이며 그 압력이 아주 강해지면 구소련에서 경제 붕괴에 이어 정치 붕괴가 일어난 것처럼 성급하고 폭력적인 이동이 발생한다.

그러나 이렇게 극단적인 경우를 제외하더라도, 한 산업을 보호하려는 조치만으로도 모든 사람의 공동 생산성을 강탈하는 것은 물론 모든 사람에게서 돈을 조금씩 거둬들여 보호하려는 국내 기업에 그 돈을 주는 결과가 일어난다. 이는 정치적으로는 구미에 맞을지 모른다. 어쨌든 실제 상황을 명확하게 살펴보자. 정부는 많은 사람에게서 조금씩 돈을 거둬다가 소수를 돕는 데 투입한다. 왜 정부는 돈을 거둬간 수많은 사람(이 경우에서는 결국 탈락자)보다 돈을 대주기로 결정한 소수를 더 좋아할까?

이런 점을 염두에 둘 때 경기 부양책에 대한 개괄적인 요점은 비교적 간단하다. 경제를 빠르게 회복하려는 경우에는 소비자가 선호하는 제품의 공급원을 소비자에게서 앗아가는 조치나 이와 대조적으로 소수에게 이익을 주려고 다수의 부를 이동시키는 조치 모두 명백하게 이익이 없다.

7

부와 행운을 극대화하는
10가지 방법

사회생태계의 일원으로서 할 일

우리는 거대하고 지속가능한 사회생태계의 일원이다. 사회생태계, 즉 경제는 우리가 가진 단 하나의 중요한 원료(타고난 잠재력과 능력)를 최고로 활용하기 위해 필요한 모든 장려책을 제공한다. 우리는 살아가면서 자신과 사랑하는 사람의 삶의 질을 높이기 위해 이 원료를 고갈시킨다. 이 과정에서 모든 인류의 삶의 질을 높일 제품과 서비스를 생산한다. 자연 환경은 사람에게 식량과 공기와 물과 온기를 비롯해서 생명체를 유지하는 데 필요한 수많은 요소를 제공한다. 사회생태계인 경제는 눈에 보이지 않을 뿐이지 자연 환경과 흡사하다. 자연 환경과 마찬가지로 경제도 사람들이 서로 잘 교류하고 번성하는 데 필요한 장려책을 제공한다.

인류는 몇 세기에 걸쳐 자연 환경에 엄청난 해를 끼쳤다. 이제 우리는 환경의 자연스러운 균형에 미치는 영향을 어느 정도 인식했으며 우리가 유발한 문제를 바로잡고 앞으로 같은 실수를 다시 저지르지 않으려고 노력한다. 경제생태계는 자연 환경과 거의 동일한 형태이지만 우리는 각자 행동이 경제생태계에 미치는 영향을 아직 확실히 파악하지 못했다. 사회 환경은 파악하거나 감시하기가 자연 환경보다 훨씬 어려운데다가 이 환경이 각자 삶에서 하는 역할을 완전히 감지하고 인정하며 받아들이는 훈련이 아직 안 되어 있다. 이 때문에 경제(경제생태계)와 관련이 있는 이 환경을 축하하는 날은 없다. 매년 4월 22일을 지구의 날로 정했지만 경제의 날은 없는 것이다.

그러나 새로운 사회 운동이 모두 그렇듯이 진보는 아주 작은 첫걸음으로 시작되며 앞으로 내딛는 한걸음, 한걸음을 바탕으로 발전한다. 계속 걷다보면 뒤를 돌아보고 걸어온 먼 길을 확인하게 되는 날이 온다. 이 여정에서 필요한 이정표 열 가지를 소개한다. 이를 보고 여러분이 두 가지를 깨닫기 바란다.

첫째, 당신의 시간과 재능으로 모든 사람이 이익을 볼 수 있도록 자신의 유용성을 극대화해야 한다. 둘째, 현재 우리가 자연 환경의 중요성을 인식하고 보호하려고 노력하는 것과 마찬가지로 경제생태계의 가치를 인정하고 보호해야 한다. 이렇게 하면 결국 우리는 스스로 구제할 뿐만 아니라 전 세계 수많은 사람이 타고난 잠재력을 다 발휘하지 못하고 가난하게 살게 만드는 인공적 장애물을 무너뜨릴 수 있을 것이다.

모든 것은
당신에게서 나온다

부디 당신의 모든 상황과 가치는 당신 자신에게서 나온다는 점을 깨닫기 바란다. 부와 행복을 권력자가 결정한다는 믿음을 지니고 있는 사람을 보면 정말 안타깝기 그지없다. 우리는 스스로 최종 소비자라고 생각한다. 노를 잃고 바다를 떠다니는 사람 또는 빵 부스러기를 놓고 싸우는 쥐 떼와 마찬가지다. 우리는 자신과 가족을 위해 모은 돈을 누릴 가치가 없는 것처럼 자신을 대한다. 그러나 이런 생각은 완전히 터무니없다.

모든 것이 사람에게서 나온다. 인간의 삶과 능력이 더해져야 부가 창출된다. 인간은 궁극적으로 재생이 가능한 자원이다. 인간이 없으면 무엇도 가치를 가지지 못한다. 땅속에 묻혀 있는 석유는 가치가 없다. 금은 고유의 가치가 없다. 땅은 가치가 없다. 사람이 자원을 캐내고 옮기고 정재하고 거둬들이고 이용할 때에야 비로소 자원의 가치가 생긴다. 이마에 맺힌 땀방울과 아이디어의 창조성 덕분에 가치와 부가 창출된다. 유전에서 석유가 나오듯이 인간에게서 가치가 뽑어져 나오는 것이다. 과거 선거전을 되돌아보면 유권자에게 각종 혜택을 제공하겠다고 약속하던 후보자들이 떠오를 것이다. 그러나 정작 모든 것을 제공하는 존재는 바로 유권자들이다. 선거에서 당선될 국회의원의 세비가 되는 세금의 가치를 창출하는 존재도 유권자들이다. 부가 의도와 반대 반향으로 흐르고 있다.

창출하면 책임도 따른다. 당신에게는 가치를 창조할 기본 능력이 있고 그 능력이 평생 동안 삶을 유지해줄 것이다. 그러나 능력을 최대한 이용하느냐 못하느냐는 당신에게 달려 있다. 일반적으로 운명을 바꾸고 싶으면 교육과 훈련을 적극적으로 받아야 한다. 융통성과 창조성과 기동성도 필요하다. 어느 직업의 가치가 상당히 떨어지거나 어느 도시에서 주요 산업체가 파산하는 상황에는 가치를 부가할 방법과 다른 사람에게 가치가 있는 제품과 서비스를 생산할 방법을 새로 찾아야 한다는 암시가 내재되었다. 직업이나 지역을 바꾸어야 한다는 의미다.

당신의 목표는 행복을 극대화하는 것이다. 해변에서 마르가리타 칵테일을 홀짝거리면서 평생을 보내고 싶을 수도 있다. 그러나 공급은 한정돼 있고 공짜는 없다. 가족이나 친구와 보내는 시간을 비롯해서 자신이 소중하게 생각하는 개인 생활을 누릴 수 있도록 시간을 절약하는 한편 필요하고 원하는 모든 물건과 교환할 가치를 창출하도록 긴장을 늦추지 말아야 한다. 그러자면 경제생태계의 신호를 따라가서 자신의 잠재력을 극대화하고 그 결과 행복을 최고로 높일 수 있는 일자리와 산업을 찾아야 한다.

희소식은 이미 당신이 이런 활동을 하고 있다는 것이다. 이는 타고나는 능력이다. 더 좋은 소식은 이런 본능을 완전히 받아들이면 자기 상황을 관장할 수 있다는 것이다. 이뿐만 아니라 행복의 근원이 자신임을 깨닫게 된다. 따라서 목표를 달성했을 때 성공을 떳떳이 여기게 되고 설사 상황이 안 좋아서 성공하기 힘들 때라도 방향을 상실하지 않을 것이다.

프라이스 허거가
되자

트리 허거(tree hugger)라는 말을 들어봤을 것이다. 이는 환경을 몹시 사랑한 나머지 환경보호에 직접 나선 사람을 말한다. 이런 환경보호자들은 환경을 지극히 아끼는지라 나무를 껴안는다. 어쨌든 자연에서 팔로 껴안기가 가장 쉬운 게 나무인 것 같다. 또 이 단어는 다들 봤을 테지만 벌목될 위기에 처한 나무에 몸을 묶고 산림 보호에 나선 사람들이 나온 사진을 떠올리게도 한다.

몹시 사랑하는 대상을 위해 모든 것을 내던지거나 그 대상을 보호하려고 행복을 잃을 위험까지 감수하는 사람을 보면 멋지다. 이처럼 당신도 경제를 사랑하고 보호하고 싶은 대상으로 바라보면 좋겠다. 경제생태계는 당신이 살아가도록 지탱해주며 다른 사람이 가장 필요로 하고 원하는 제품과 서비스를 창출하기 위해 있어야 할 신호, 즉 장려책을 제공해준다. 그리고 주로 시장 가격을 통해서 이런 역할을 한다.

귀하고 수요가 많은 물건은 가격이 높게 책정된다. 넘쳐나고 가치를 인정받지 못하는 물건은 가격이 낮게 책정된다. 자신과 가족이 삶을 유지하기 위해 생산하고 교환할 물건을 찾으려 할 때 수요가 가장 많은 물건, 시간, 능력을 전적으로 투자할 일을 파악하도록 돕는 요소가 바로 가격이다. 그러니 시장 가격은 모든 사람의 행복에 지극히 중요하다. 시장 가격이 존재하지 않으면 어떤 일에 시간을 전적으로 투자할지 판단할 수 없다. 어쩌면 다른 사람에게 가치가 거의 또는 전혀 없는 물건을 생산하면서 평생을 보내게 될 것이다. 결과적으로 나는 경제생태계에서는 트리 허거와 비슷한 개념이 프라이스 허거(price hugger)라고 생각한다. 우리는 환경보호자가 나무를 사랑하듯이 시장 가격을 사랑해야 한다. 나무가 없으면 그늘과 산소와 건축 자재 등이 존재하지 않을 것이다. 가격이 없으면 생산 활동을 이끌어줄 이정표가 전혀 존재하지 않을 것이다. 그러니 부디 우리 모두 시장 가격을 아끼고 보호하는 프라이스 허거가 되자.

오늘날 프라이스 허거가 되는 것은 어느 때보다 중요하다. 정부는 가격을 인위적으로 정하고 변경하고 차단하려 하는데, 이 모든 활동은 우리가 번창하는 데 방해가 된다. 연료 가격을 내리고 특정한 직업의 월급을 올리고 특정한 산업에 보조금을 지원하고 가격을 올리는 관세를 재정하고 공공사업을 통해서 제품을 더 많이 제공하려고 시행하는 공공 정책이 많다. 이 때문에 소비자는 구매하는 물건의 실제 가격을 결코 인식하지 못한다. 이런 정책은 시야를 흐리게 하고 장려책을 혼란스럽게 만드는 짙은 안개나 마찬가지다. 권력을 틀어쥔 누군가가 물건의 진정한 '가치'를 경제생태계보다 자신이 더 잘 안다고 생각하는 것이다.

정책 입안자는 수십 억 명이 내린 수십 억 개의 개별적인 판단보다 소수의 판단이 더 옳다고 믿는다. 한때 이런 오만함 때문에 사람들은 수많은 산을 폭파했고 삼림을 모두 베어버렸으며 강줄기를 변경하면서 자연 환경을 자기 나름대로 이상향에 가깝게 다시 만들려고 노력했다. 그리고 이렇게 제멋대로 실시한 사업의 결과에서 뼈아픈 교훈을 얻었다. 그런데도 시장 가격을 가치에 대한 몇몇 개인의 생각에 맞춰 재설계함으로써 과거와 똑같은 실수를 다시 저지르고 있다.

여기서 꼭 강조하고 싶은 한 가지는 시장 가격을 소중히 여겨야 한다는 것이다. 시장 가격은 어떤 척도도 알려줄 수 없는 점을 깨닫게 해준다. 세상에 필요한 제품과 가장 좋은 성과를 올릴 수 있는 일자리를 알려준다. 세상에 시장 가격보다 더 중요한 것은 없다. 시장 가격이 없으면 우리는 방향을 잃는다. 그러니 아무쪼록 시장 가격을 아끼고 보호하자.

부의 창조자가
가진 권리

가치가 당신을 비롯한 모든 사람에게서 나온다는 점을 받아들이자. 그리고 노력의 대가로 받는 가격이 당신이 생산해서 교환하는 제품과 서비스의 공급과 수요를 반영한다는 점을 받아들이자. 길모퉁이에서 어설프나마 춤을 추면 깡통에 떨어진 동전 몇 푼을 건질 수 있다. 반면에 많은 사람의 생명을 구할 수 있는 첨단 수술 도구를 발명하면 돈을 훨씬 많이 번다. 사람들이 생산하는 제품이나 서비스의 가치는 대부분 앞서 말한 두 경우의 중간쯤에 해당한다.

요점은 경제생태계가 제대로 기능할 수 있는 여건이 조성되면 사람들은 자신이 창출해서 타인의 삶에 전달한 가치를 바탕으로 보상을 받는다는 것이다. 이는 정말로 멋지고 공평하며 민주적인데다가 실존하는 체계다. 우리는 자기 분야에서 생산성을 높이 발휘해서 부자가 된 사람에게 영감을 받고 그런 사람을 존경해야 한다. 그러나 질투 때문에 무력해지면 안 된다(물론 그러지 않기가 상당히 어렵다). 성공한 사람에게 앙심을 품지 않고 마음의 평정을 찾으려면 아주 중요한 요점 하나를 기억하자. 모든 가치는 개인에게서 나온다는 사실이다. 당신의 부는 당신에게서 나온다. 당신의 부는 타인의 희생을 바탕으로 얻어진 것이 아니다. 누군가 경제생태계를 구속하지 않는 한 경제는 절대로 제로섬 게임이 아니다.

이쯤 되면 당신은 부를 상속받는 사람이 있지 않느냐고 지적하고 싶을 것이다. 나는 그게 뭐가 문제냐고 반문하고 싶다. 상속된 부는 이전 세대의 저장된 노동일 뿐이다. 누군가가 가치를 아주 많이 생산해서 미래 세대에게 안락함을 더해줄 수 있다면 더할 나위 없이 멋진 일이다. 이 과정에는 도둑이 없다. 부의 창조자는 자신의 저장된 노동을 물려줄 권리가 있다. 후대에 장려책을 제공해줘야겠다는 생각은 나이가 들어서도 계속 생산성을 높이 유지하며 일하게 해준다. 이미 안락하게 살기에 충분한 돈을 모아놨더라도 말이다. 상속을 받은 사람의 할아버지는 돌아가시기 전 25년 동안 그저 해변에 누워 빈둥빈둥 시간을 보낼 수도 있었지만 계속 생산성을 발휘하는 쪽을 선택했다. 세상을 위해서도 멋진 선택이 아닌가?

부자를 질투하지 말고 존경하자. 부자라고 해서 그 사람이 무조건 타인을 착취해서 부를 얻었다고 장담할 수는 없다. 우리 사회에는 도둑질을 금지하는 법이 있다. 세상에 필요한 소중한 제품과 서

비스를 창출하는 것은 도둑질이 아니다. 이는 적어도 아직까지는
도둑질로 인정되지 않는다.

비스를 창출하는 것은 도둑질이 아니다. 이는 적어도 아직까지는
도둑질로 인정되지 않는다.

지도의 인공적인
경계선을 무시하라

주위를 둘러보자. 사람이 넘을 수 없거나 넘어서는 안 되는 자연
적인 경계선이 보이는가? 나는 열심히 일하고 혁신해서도 넘지 못
하는 장벽은 보지 못했다. 그러나 지도를 들여다보면 인공적인 선
으로 가득하다. 세상의 이치를 모두 아는 사람들이 그어놓은 장벽
이다.

이런 선은 심각한 결과를 유발한다. 경계선의 한쪽 편에는 풍요
와 번영과 자유가 있다. 다른 편에는 빈곤과 갈등과 절망이 있다. 이
런 선 자체에는 아무런 의미가 없지만 선을 기준으로 한 양쪽의 상
황 차이에는 커다란 의미가 있다. 내가 아는 거의 모든 경우에서 번
영을 이루는 쪽에서는 경제생태계가 번창하면서 가격을 정하고 자
원을 분배하고 노동자가 일할 동기를 제공한다. 빈곤한 쪽에서는

부패와 분쟁과 계급제도와 정부의 통제와 독점이 만연한다. 이런 곳에서는 시장이 가격을 정하는 체계가 없고 개인이 자유롭게 기술을 습득해서 직업을 선택하지 못하며 개인이 부를 소유하거나 획득할 능력이 없다. 바로 이것이 인공적인 선으로 생기는 결과다.

경제생태계는 그런 경계선을 전혀 좋아하지 않는다. 경제생태계는 자연법칙에 따라 자유롭게 운영될 때 최고 효과가 발생하며 소수 권력자가 경제생태계의 역할을 대신하려고 하면 제대로 운영되지 않는다. 이런 맥락에서 모든 사람이 그런 경계선에 될 수 있는 대로 신경 쓰지 말고 살아야 한다고 강조하고 싶다.

당연히 조국을 사랑하고 존중해야 한다. 게다가 국민을 억압하거나 불공정하게 대우하는 나라가 있다면 바꾸려고 노력해야 한다. 그러나 이처럼 반드시 필요한 경우를 제외하면 경제생태계에 사는 다른 거주자, 즉 우리와 동일한 시민과 자유롭게 교환해야 한다. 모든 사람은 이런 시간과 재능을 교환하면서 생활을 유지하고 번성하며 유용성을 극대화할 수 있다. 교환을 중지하는 사람은 잠재적 교환 파트너와 입수할 수 있는 온갖 제품과 서비스를 박탈당하는 피해를 입게 될 뿐만 아니라 부분적으로는 다른 사람에게서도 생계를 꾸리고 잠재력을 발휘하면서 살아갈 수단을 빼앗게 된다. 지도에 그려진 인공적인 선은 경제생태계에 있는 시민들 사이의 자유로운 교환을 금지한다. 이런 선은 자유로운 이동을 금지하는 굳게 잠긴 문이나 요새나 댐이나 마찬가지다.

이 세상에 존재하는 모든 기회를 경험하고 싶다면 국경을 막론하고 모든 사람과 교환해야 한다. 자신과 타인의 생활수준을 향상하려면 모든 사람이 생산력을 최대한으로 높이도록 해줘야 한다.

경계선에 신경 쓰지 말자. 자유롭게 교환하고 번성하다보면 결과적으로 당신과 자유롭게 교환한 사람 역시 번성하게 될 것이다.

다수의 생각이
소수의 생각보다 낫다

누구나 살다보면 수많은 어려움에 봉착한다. 경제생태계는 자립적인 자연 체계이지만 그렇다고 해서 열반은 아니다. 당연히 우리는 각종 문제에서 자유로울 수 없다. 경제생태계는 부족한 자원을 공평하게 분배하는 체계다. 그러나 자원이 부족하다는 사실에는 변함이 없다. 너구나 각종 물건에 대한 소비자의 수요가 기본적으로 한도 끝도 없고 주어진 자원은 제한돼 있어서 충족되지 못하는 수요가 많다.

게다가 우리는 정보 문제도 안고 있다. 시장은 완전하다. 그러나 정보는 불완전하며 따라서 모든 사람이 실수한다. 넓게 보면 이런 실수 때문에 투기사업의 거품이 터지고 나서 경기침체가 찾아오는 것과 같은 경제 변동성이 유발된다. 따라서 당연히 우리는 이런 문제를 피하려 한다. 집을 압류당하는 사람이 생기지 않길 바란다. 직장을 잃는 사람이 없길 바란다. 가난하게 사는 사람이 없길 바란다. 그래서 우리는 뭔가를 하려 한다.

어떤 사람이나 어떤 집단도 모든 문제에 대한 해결책을 다 알 수는 없다는 점을 분명히 강조하고 싶다. 그러나 모두 머리를 맞대서 고민하고 각 분야를 가장 잘 아는 사람이 해당 문제를 해결하면 세상을 더 살기 좋은 곳으로 만들 수 있다.

이런 맥락에서 볼 때 우리는 커다란 사안을 해결하겠다고 한 사람이나 소수가 내놓은 방안에 적극적으로 이의를 제기해야 한다. 정부가 경제에 개입하는 것은 어리석은 짓이다. 어떤 사람도, 아무리 현명한 사람으로 구성된 의회라도 모든 것을 알 수는 없다. 당신을 전혀 모르는 사람들로 구성된 한 집단이 당신이 운전해야 하는 적당한 차종과 당신의 돈을 지출하고 저축하고 투자해야 할 적당한 규모를 알 수 있겠는가? 게다가 아무리 다방면에 걸쳐 박식한 사람들로 구성된 집단이라도 금융 체계를 운영하는 방법과 보건 혜택을 주는 방법을 결정할 능력과 시장에 내놓아야 할 제품을 선정할 능력과 당신의 자녀 교육 방법과 당신이 먹어야 할 음식과 당신이 여가 시간을 활용할 최고 방법까지 결정할 능력을 다 갖추고 있을까? 이는 그 누구에게라도 너무 무리한 요구다. 그러니 누군가가 이 모든 임무를 혼자서 맡을 수 있다고 자처한다면 그 사람은 자기 능력을 너무 높게 평가하는 셈이다.

이보다는 각 개인이 내린 소소한 결정을 합해서 커다란 문제를 해결해야 한다. 개인은 대부분 스스로 그런 결정을 내릴 만한 지식이 없다는 주장을 제기하는 사람도 있을 것이다. 그러나 인생을 살아갈 방법을 가장 잘 아는 당사자는 바로 자기 자신이다. 정부는 사람들에게 도움이 필요하다는 말을 수없이 한다. 그러나 정작 수많은 사람이 자신의 힘으로 매일 생계를 유지하고 가족을 부양하며 사업을 이끌어가고 있다는 점을 명심하자.

한 가지 예를 들어보면, 각 개인이 재정적 의무를 제대로 이행하지 못한다는 편견이 있다. 그러나 이자율이 떨어질 때마다 수많은 사람이 새로 대출해서 이전의 대출을 갚으려고 각자 노력한다. 이는 상당한 지식이 필요한 대처다. 그럼에도 개인 문제를 스스로 해결할 능력이 없다고 여겨지는 보통 사람들이 오히려 아주 빠르고 효율적으로 이런 대책을 세우고 실행하는 것이다.

모든 사람과 마찬가지로 나나 당신도 모든 해결책을 다 알지는 못한다. 어쨌든 나는 아주 어려운 문제를 풀어야 할 상황이 되면 자기 고민을 해결해줄 몇몇 현명한 사람을 찾으려 하기보다는 각 전문 분야에서 힘든 결정을 내리며 살아가는 자기 자신과 모든 사람을 들여다보라고 설득하고 싶다. 한 사람의 생각보다 여러 사람의 생각이 낫다. 소수가 자신의 지식 또는 전문성과 거리가 먼 문제를 해결하려고 노력하는 것보다 많은 사람이 자신의 분야와 관련된 문제를 해결하려고 노력하는 편이 낫다. 이는 경제생태계의 중심 교리다. 이 교리를 따르면 우리가 과거에 저질렀고 앞으로 다시 저지르게 될 어리석은 결정에서 벗어나게 될 것이다.

최고의 정보를
활용하라

지식과 재능을 동원해서 시장에서 최고의 결과물을 얻도록 결정을 잘 내리려면 정보 문제를 해결해야 한다. 우리가 세상을 위해 할 수 있는 최선은 능력껏 최고의 교육을 받아 최고 기술을 갖춘 사람이 되는 것이다. 우리는 자기 자신과 자신이 가진 모든 것을 책임지는 주체다. 따라서 세상은 우리가 성공하길 바란다. 모든 사람이 성공하면 부와 행복의 총계가 지속적으로 급증할 것이다. 아주 간단한 논리다.

그러니 당신과 모든 사람을 위해서 당신에게 제공된 교육 기회를 최대한 이용하자. 추가 교육과 훈련을 받을 기회를 찾아보자. 멈추지 말고 항상 배우려고 노력하자. 늘 책과 잡지와 신문을 읽고 시사 문제를 잘 파악하자. 최근에 일어난 주택 시장 붐을 생각해보자.

당시에 주택 대출자들이 계약 조건과 집값 동향을 제대로 파악했거나 주택 가치는 실제로 하락하기도 한다는 사실을 알았거나 미래 수입을 현실적으로 파악했더라면 우리가 그렇게 심한 고통과 손실을 겪지 않아도 됐을 것이다. 이런 지식이 있었다면 경기침체가 현재처럼 심각하지 않았을 것이고 어쩌면 아예 침체가 발생하지도 않았을 것이다. 게다가 대출을 등에 진 주식 투자가들이 구매 물품을 더 확실히 파악했다면 투자액을 다 잃지도, 엄청난 피해를 입지도 않았을 것이다.

모든 경제 문제의 바탕에는 이런 정보 문제가 깔려 있다. 정책 입안자들이 경제를 원활하게 돌아가게 할 작정이라면 정보를 입수할 기회와 질을 높일 방법을 찾아야 한다. 그러려면 사설 교육 시설을 늘려야 하더라도 말이다. 모든 사람이 고등학교에서 개인 금융 과목을 배우기만 했더라도 얼마나 많은 피해를 줄일 수 있었겠는가. 그리고 현재보다 낫고 명확한 자료와 분석을 활용해서 시장을 더 분명하게 파악할 수 있게 만들려는 노력을 대대적으로 해야 한다.

우리가 안고 있는 경제 문제는 해결할 수 있다. 첫째, 소수 정책 입안자가 아니라 수많은 개개인의 판단을 기반으로 문제를 해결해야 한다. 둘째, 입수할 수 있는 최고 정보를 활용해서 문제를 해결해야 한다. 당신이 내린 결정의 결과를 개선하고자 한다면 정보의 질을 높여야 한다.

실천하고
전파하라

내가 이 책에서 전파하려는 사명을 모든 독자가 널리 퍼뜨려주기 바란다. 아래 내용을 명심하고 실행해보자.

- 경제생태계를 알자.
- 당신이 이 세상에 창출된 가치의 근원임을 인식하자.
- 시장 가격과 교환이 우리를 인도하고 우리 삶을 지탱해주는 방법에 익숙해지자.
- 사람들이 가진 부는 타인의 부를 빼앗은 게 아니라 스스로 창출한 것임을 깨닫자.
- 불완전한 정보가 문제를 유발한다는 점을 깨닫고, 모든 사람의 운명을 개선하도록 각자 더 나은 정보를 얻으려고 노력해

야 한다는 점을 이해하자.

다들 이 내용을 세상에 전파해주기 바란다. 당신이 전파해야 하는 이유는 내가 부탁해서가 아니라 이 내용을 이해하는 사람이 많을수록 우리가 저축하고 생활을 유지하며 경제생태계의 자연스러운 상태로 복귀할 기회가 많아지기 때문이다. 경제생태계를 이해하는 사람이 많을수록 가격을 소중하게 생각하는 사람이 많아질 것이다. 반면에 우리가 번성하는 근원이라고 스스로 치켜세우는 억압적인 정권이나 자신들의 자원 분배 체계를 강요하려고 경제생태계를 억압하는 정치인을 지지하는 사람이 줄어들 것이다.

때로 나는 환경 운동이 지난 수십 년 동안 이뤄낸 업적에 경탄을 금치 못한다. 오늘날 많은 사람이 스스로 '환경보호가' 라고 여기며 자연 환경을 우려하는 현상은 아주 보편적이다. 경제생태계도 이처럼 인식한다면 얼마나 많은 성과를 얻을 수 있을지 생각해보자. 빈곤과 억압을 대폭 줄일 수 있을 것이다. 또 가치가 자신에게서 흘러나온다는 짐이나 유용성(행복)을 극대화하려고 노력하는 동시에 평생 동안 생계를 꾸려가기 위해 사용할 주요 원료가 인간의 수명이라는 점을 깨닫지 못하는 사람들에게 희망을 줄 수 있을 것이다.

적어도 자신을 위해서라도 실천하자. 가치 부가와 제품과 서비스 생산에 관심을 갖는 사람이 많아질수록 당신의 시간과 재능을 교환해서 얻는 가치가 더 높아질 것이다. 경제생태계가 아무런 구

속 없이 운영되고 사람들의 생산성을 더욱 높이도록 이끌 수 있

다면 그동안 억눌려 있던 엄청난 수요가 전 세계에서 폭발할 것

이다.

정치인에게 건전한 경계심을 갖자

누군가가 당신이 직접 경제를 보호하기 위해 나설 필요가 없다고 주장한다면, 당신은 그런 사람의 피해자인 셈이며 그보다 나은 대우를 받을 자격이 있다. 또는 누군가가 선거에서 자신을 뽑아주면 당신이 원하는 것을 대신해주겠다고 말한다면, 그런 사람을 아주 심각하게 의심해야 한다.

물론 생존하기 위해서 지금 당장 뒷마당에 지하 대피소를 만들거나 숲으로 들어가라는 말이 아니다. 그러나 정부가 경제생태계에서 영향력을 확장하려고 하는 활동을 모든 사람이 의심스러운 눈초리로 지켜봐야 한다고 생각한다. 6장 '정책의 어리석은 속임수'에서 설명한 대로, 하나의 기관으로서 정부는 경제생태계의 법칙에 속하지 않기 때문에 회사와 개인과 다르게 행동하는 경향이 있다.

개인은 생계를 이어갈 일자리를 구하지 못하면 파산하거나 굶주리게 된다. 회사는 생산한 제품이나 서비스가 시장에서 거부되면 완전히 망한다. 그러나 정부는 항상 세금을 부과할 권리가 있으므로 폐업할 여지는 없다. 이런 불멸성(더 적절한 표현이 없는지라 이 단어를 쓴다) 때문에 정부의 동기유발 요소는 늘 변한다.

그렇다고 해서 내 말을 오해하지 말기 바란다. 당연히 정부를 지지하고 정부가 하는 역할인 법률 유지와 재산권 보호를 존중해야 한다. 현재 전 세계에서 번성하는 여러 선진국이 탄생한 바탕에는 정부의 이런 역할이 있었다. 그러나 모든 가치와 부는 국가가 아니라 개인에게서 나온다는 점을 명심해야 한다. 그러므로 정부 관리가 경제생태계를 어설프게 조정하려 하거나 장려책을 바로잡아서 부를 늘릴 방법이 있다고 약속하면, 이는 근본적으로 부를 한 사람에게서 다른 사람에게로 이동시키는 것뿐임을 알아야 한다. 그리고 경제생태계는 우리가 자본과 자원을 가장 잘 관리하도록 돕는 체계라는 점을 이해해야 한다. 각자 전문 분야에서 활동하는 수십억 명에게서 나온 공동 지식보다 한 사람 또는 뜻이 같은 사람이 모인 한 집단이 각 자금의 흐름과 자원의 분배를 더 잘 관리할 수 있다는 주장은 억지다.

정부 기관의 동기를 유발하는 주요 요소는 무엇일까? 가장 큰 요소는 세력 범위를 넓혀서 존재의 중요성을 높이는 것이라고 생각한다. 이를 위해 추가 임무와 책임을 떠맡고 이와 관련된 새 예산을 늘린다. 예산이 많을수록 책임이 커지고 해당 기관과 기관장의 필요성과 세력이 커진다. 두말할 필요 없이 이 모든 과정은 당신의 유용성을 극대화하는 것과 전혀 관계가 없다.

그렇다고 해서 정부를 혐오하라는 뜻은 아니다. 당연히 민주주의와 이 체제가 세상에 탄생시킨 수많은 편의를 자랑스럽게 생각하고 지지하고 존중하자. 그러나 동시에 자신과 가족의 생계를 책임질 부를 창출하는 당신의 역할도 자랑스럽게 생각하자. 정부와 당신의 동기를 유발하는 요소가 각각 다르다는 점을 이해하자. 정부는 늘 성장하기를 원한다는 점을 명심하자. 그러나 정부가 자원 분배와 투자 관리에 관여할 정도로 확장되면 경제생태계가 비효율적으로 운영돼서 부의 총계가 줄어들 뿐만 아니라 정부가 덜 강압적이고 규모가 작은 역할로 되돌아가기가 힘들다는 점을 명심하자.

자연 체계인 경제생태계보다 자신이 경제를 더 잘 운영할 수 있다고 장담하는 정치인이 있으면 부디 일단 의심해보기 바란다.

유행에
초연해지자

주방 기기의 유행 색과 디자인이 주기적으로 변하듯이 경제계 전문가와 정계 인사도 시기에 따라서 인기를 얻기도 하고 무대에서 사라지기도 한다. 이런 일시적 유행에 초연해지자. 경제생태계의 법칙은 고정돼 있다. 경기침체기나 경기불황기를 가리지 않고 항상 모든 사람은 유용성 극대화주의자이며 경제생태계는 활용도가 가장 높도록 자원을 분배한다. 공개된 모든 정보를 감안해서 책정된 시장 정보는 항상 비교 가치를 가장 잘 보여주는 척도다.

이런 법칙은 절대 변하지 않는다. 물론 시장의 결과물이 마음에 들지 않을 때도 있다. 어쩌면 파산해버린 회사나 경기 하락세에 빠르게 영향을 받은 지역이나 개인적인 재산 피해를 안타까워하는 날이 올 수도 있다. 그러나 이런 일은 경제생태계가 아니라 정보 자체가 불완전해서 일어난다. 문제를 바로잡으려면 정보의 질을 높여야 한다.

경제 위기에 닥쳐서 경제를 개편하려는 시도는 자연을 바로잡으려는 시도와 흡사하다. '바다를 이쪽으로 옮기자' 거나 '중력의 법칙을 폐기하자' 거나 '야생 코끼리를 캐나다로 이동시키자' 거나 '브라질에 코모도왕도마뱀을 더 기르자' 는 식이다. 이런 시도로는 당면한 문제를 바로잡을 수 없다. 결국 코끼리와 코모도왕도마뱀의 시체만 수없이 쌓이게 될 것이다.

자연의 법칙을 개선하는 데 한계가 있듯이 경제생태계를 개선하는 데도 한계가 있다. 그러나 사회 환경 내에서 최대한 효율적으로 운영되도록 만드는 데 초점을 맞출 수는 있다. 가격이 자유롭게 조정되고 아무런 구애 없이 교역이 진행되며 과잉과 적자가 자연스럽게 제자리를 찾도록 내버려둬야 한다. 모든 사람이 부의 근원이 자신이라는 점을 깨달아야 하며 행복을 극대화도록 높은 가치를 창출할 수 있는 일을 찾아야 한다.

지난 10년 동안 자본주의가 도움이 됐지만 이제 사회주의가 대안이고 그 후 상황에 더 맞는 공산주의를 거쳐 봉건주의를 조금 시도해보다가 무정부 상태로 돌아가자는 식은 말이 안 된다. 우리는 하나의 자연 체계를 가지고 있다. 이 체계를 뭐라고 하든, 누가 인정하든, 얼마나 유행하든 상관없다. 그저 이 체계가 우리를 이끌도록 허용하거나 이를 없애버리거나 둘 중 하나다. 전자는 우리를 최고의 결과물로 이끈다. 후자는 비현실적이며 필연적으로 우리를 빈곤과 타락과 불평등의 길로 이끈다.

유일한 원료를
현명하게 사용하자

이 모든 것은 개인, 즉 당신에게 달려 있다. 1장에서 말했듯이 누구나 자신이 먹을 것은 가지고 태어난다. 먹을 것의 크기는 당신의 능력, 교육과 훈련으로 그 능력을 키우는 정도, 당신의 잠재력을 극대화하도록 경제생태계가 장려책을 제공할 수 있게 사회가 허용하는 수준에 따라 달라진다.

당신의 유일한 목적은 유용성(행복)을 극대화하는 것이다. 행복을 가져다주는 요소는 사람에 따라 다르다. 그러나 일반적으로 노동 시간과 여가 시간으로 구성돼 있다. 노동 시간에는 당신이 원하는 물건과 교환할 제품과 서비스를 생산하고, 여가 시간에는 시장에서는 가치가 없지만 당신에게는 가치가 있는 활동을 한다. 사람들은 이런 틀 안에서 멋진 스포츠카와 일에 빠져 사는 미혼남성, 결혼해서 세 자녀를 둔 소방관, 여행을 즐기는 돈 많은 배우, 소기업 사장, 아프리카에서 도움이 필요한 사람들을 돕는 적십자 단원 등 다양한 모습으로 살아간다. 모든 것은 당신이 선택하기 나름이다.

인생은 당신 것이고 그 인생은 당신의 주요한 원료다. 인생을 보낼 방법을 가장 잘 결정할 수 있는 주체는 바로 당신이다. 정부, 현명한 사람들이 모인 의회, 식자층, 유명 영화배우, 경제학자 등 누구도 당신보다 낫게 결정할 수 없다. 당신이 전문가다. 이 직책을 받아들이자. 자유 경제와 시장 가격이 당신에게 필요한 조언을 제공한다는 점을 이해하자. 부의 근원은 당신 자신이라는 점을 깨닫자. 가장 현명하게 결정하려면 가능한 한 최고 정보가 필요하다는 점을 인식하자.

경제생태계를 손상하려는 무리에게서 경제생태계를 보호하자. 당신이 노동에 투입한 시간의 시장 가치를 최고로 높여줄 교육과 훈련 기회를 찾아서 끊임없이 배우자. 세상에서 당신 목적은 죽어라 일만 하는 것이 아니라 행복을 극대화하는 것임을 깨닫자. 마음이 내키면 바쁘더라도 짬을 내서 삶의 여유를 즐기자. 돈을 더 벌어야 하면 가치 있는 제품을 생산하는 데 집중하자.

최대한 행복해지자. 그리고 자신의 부를 당당하게 누리며 살자. 경제는 당신에게서 나온다. 여러 번 강조했듯이 당신이 가치를 창출하는 것이다. 그러니 당신이 원하는 대로 그 가치를 쓸 권리가 있다.

세계적인 경제학자 크레이그 토머스의
통찰력 있는 서민경제 생존법

경제생태계 보호

초판 1쇄 인쇄   2010년 11월 25일
초판 1쇄 발행   2010년 11월 30일

지은이   크레이그 토머스
옮긴이   신승미
펴낸이   이대희
펴낸곳   지훈출판사

기획편집   허남희
미게팅   김정식, 윤대영
교정, 교열   이상희
본문 디자인   디자인 위드
표지 디자인   디자인 올
경영지원   안지영, 김정미
공급처(서경서적) 전화 02-737-0904 팩스 02-723-4925

출판등록   2004년 8월 27일 제300-2004-167호
주소   서울시 종로구 필운동 278-5 세일빌딩 지층
전화   02-738-5535
팩스   02-738-5539
E-mail   jihoonbook@naver.com

편집저작권ⓒ2010 지훈출판사
ISBN 978-89-91974-34-0 13320

잘못 만들어진 책은 구입하신 서점에서 교환하여 드립니다.